GAOXIAO SIXIANG
ZHENGZHI JIAOYU
LUNYAO

高校思想政治教育论要

谢忠强 ◎ 著

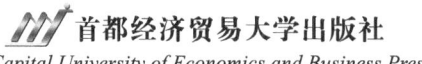
首都经济贸易大学出版社
Capital University of Economics and Business Press
·北京·

图书在版编目（CIP）数据

高校思想政治教育论要 / 谢忠强著. -- 北京 ：首都经济贸易大学出版社，2024.10. -- ISBN 978-7-5638-3784-7

Ⅰ．G641

中国国家版本馆CIP数据核字第20248XD704号

高校思想政治教育论要
谢忠强　著

责任编辑	彭伽佳
封面设计	砚祥志远·激光照排　TEL：010-65976003
出版发行	首都经济贸易大学出版社
地　　址	北京市朝阳区红庙（邮编100026）
电　　话	（010）65976483　65065761　65071505（传真）
网　　址	http：//www.sjmcb.cueb.edu.cn
经　　销	全国新华书店
照　　排	北京砚祥志远激光照排技术有限公司
印　　刷	北京建宏印刷有限公司
成品尺寸	170毫米×240毫米　1/16
字　　数	165千字
印　　张	12.25
版　　次	2024年10月第1版
印　　次	2024年10月第1次印刷
书　　号	ISBN 978-7-5638-3784-7
定　　价	58.00元

图书印装若有质量问题，本社负责调换

版权所有　侵权必究

本书为山西省哲社规划课题"新时代全国重点马克思主义学院建设的山西模式"（2024MZ003）、山西省高等学校教学改革创新项目（思想政治理论课）指令性项目"'中国近现代史纲要'课教学资源库建设研究"（2024JGSZZL001）、山西省高等学校人文社会科学重点研究基地项目"马克思主义中国化经典作家读书理论研究"（2022J005）资助成果。

前　言

高校思想政治教育是引领广大青年学子树立正确价值观的关键。作为一名高校思想政治理论教育工作者，笔者在十数年的学术研究当中，持续对高校思想政治教育给予关注。此次将十数年来关于高校思想政治教育的系列学术成果整合付梓，也是对自己学术工作的一个阶段性总结。

本书采用散点透视的研究方法，以"强调整体性、克服碎片化"为理念，分四编对高校思想政治教育展开了学理探讨。第一编探讨网络环境下大学生之思想政治教育问题；第二编总结大学生思想政治理论课教学实效性之研究概况；第三编研究当代大学生社会责任感培养之问题；第四编探讨当代青年学生思想政治教育纠偏问题。

需要指出的是，本书所选内容均为本人十数年来已发表之学术论文，而且大多几年前甚或十几年前所写成，当时自身学术功底尚浅，文章的稚嫩或不成熟痕迹在所难免，此次付梓本人并未有意掩盖其中的稚嫩之处，只是对部分注释做了进一步的规范化处理，书中引文基本按原文照录，这也算是在某种程度上对自己学术生涯的尊重与客观呈现。

目录

第一编　高校思想政治教育网络篇论要

- 4　校园无线网络全覆盖对大学生影响的理论分析
- 16　大学生思想政治教育应充分重视网络因素
- 24　当前我国大学生信息素养提升研究

第二编　高校思想政治教育课程实效反思论要

- 37　"中国特色社会主义理论与实践研究"课程教学实效性研究的回顾与反思
- 57　"中国近现代史纲要"课程教学实效性研究综述
- 68　"毛泽东思想和中国特色社会主义理论体系概论"课程教学实效性研究综述
- 81　"思想道德修养与法律基础"课程教学实效性研究回顾
- 96　"马克思主义基本原理概论"课程教学实效性研究综述

第三编　思想政治教育与社会责任感培养论要

113　大学校园文化建设与大学生社会责任意识培育关系探析
127　高校思政课培养大学生社会责任感研究

第四编　思想政治教育纠偏功能论要

144　生命价值教育融入高校思想政治理论课探析
154　当代大学生诚信缺失现象及其纠正对策研究
166　大学生网络道德失范现象分析及其教育干预

176　参考文献

第一编

高校思想政治教育网络篇论要

互联网技术的发展既给大学生思想政治教育提供了便利条件，同时也产生了一系列的新问题、新挑战。从学理上对网络环境下大学生思想政治教育进行分析与探讨，有助于高校思想政治教育整体水平之提高。本章主要选取了三篇相关学术论文，分别从校园无线网络全覆盖对大学生影响的理论分析、大学生思想政治教育应充分重视网络因素、当代大学生信息素养提升等视角，对网络环境下大学生思想政治教育进行探讨。

第一篇主要是对校园无线网络全覆盖对大学生影响的理论分析。无线网络全覆盖是校园信息化建设的重要内容，是顺应时代需求的产物。无线网络全覆盖给大学生的学习方式、生活方式和思维方式等带来了积极影响。然而，由于管理及使用方式失当，无线网络全覆盖也不可避免地会对大学生产生一些消极影响，包括降低部分学生的学习效率，对学生的心理健康产生不良影响，对学生的生理健康产生不良影响，并且增加了考试作弊的可能性。对于上述问题，建议从学校、教师、网络运营商和学生自身四个方面予以解决。学校应合理设置网络开放的时间段；教师要起到应有的引导和监督作用；网络运营商应对网络资源进行过滤；大学生运用无线网络应当有节制，有自律意识。

第二篇主要围绕大学生思想政治教育所面临的网络因素展开研究。随着电脑、网络的日益普及，大学生思想政治教育工作者应客观、理性地看待网络给大学生思想政治教育带来的负面影响，并冷静分析其原因，使用疏导的方式，引导大学生养成自律意识，变害为利。

第三篇主要针对当代大学生信息素养的提升展开探讨。当前大学生群体的信息素养水平之高低关系到我国信息社会建设目标能否顺利实现。当前，我国大学生信息获取水平、信息评价水平、信息管理水平和信息应用水平仍有待提高。今后，可通过强化专门教育课程改革、不同学科课程协同助力、增加信息应用实践活动等途径，切实提升我国大学生的信息素养。

校园无线网络全覆盖对大学生影响的理论分析[①]

随着计算机网络和无线技术的快速发展,我们已经进入了信息化时代,无线网络的使用变得越来越普遍。与此同时,校园无线网络建设也在快速发展中,校园无线网络建设成为信息化校园建设的重要环节。目前,许多大学已经将无线网络引入了校园,为学生和教师上网提供了很大的便利。学生也经常在课余时间甚至上课时间利用无线网络浏览网页、玩游戏、看视频。因此,就无线网络全覆盖对大学生正反两方面的影响进行研究,引导广大青年学生在使用无线网络过程中趋利避害也就显得尤为必要了。

一、积极影响

网络本身具有信息量大、空间自由、交互性好、高速稳定、方便快捷等特点。校园无线网络全覆盖顺应了教育信息化的趋势,适应了时代的要求,可以让大学生们尽情感受科技发展所带来的极大便利。总体上,无线网络是一种新型的传播媒介,校园无线网络全覆盖对大

[①] 该文原刊于《天中学刊》2018年第2期。

学生的积极影响主要表现在学习方式、生活方式和思维方式等方面。①

(一) 校园无线网络全覆盖带来的学习方式方面的变化

校园无线网络全覆盖使得大学生的学习方式更加灵活，同时大学生的学习行为也变得更加积极主动。校园无线网络可以说是一个巨大的资料库和信息服务中心，大学生用手机或者电脑上网，只要轻轻一点就可以快速地获得自己所需的国内外资讯以及相关的专业资料，可以延展课堂学习。校园无线网络全覆盖更有利于大学生提高学习效率，开阔理论视野。②

校园无线网络全覆盖进一步打破了学校与社会之间的界限，使大学生可以进入更为广阔的学习与实践的天地。通过校园无线网络，大学生接触到社会上各种纷繁复杂的现象、思想观点以及社会思潮，从而可以在多维的社会环境中积累知识和经验。

总之，校园无线网络全覆盖使得现在社会上所提倡的自主学习得以更好地实施，使得学生的学习方式更加多样化。

(二) 校园无线网络全覆盖带来的生活方式方面的变化

校园无线网络全覆盖改变了大学校园传统的生活方式，更好地满足了大学生信息获取的需求。大学生没有足够的时间逛街，无法花费更多精力和时间去挑选自己所需要的生活物品，网上购物不仅方便快捷，而且品种齐全。校园无线网络给大学生提供了通过网络随时随地购买自己所需生活或学习物品的可能，校园无线网络全覆盖也使得网

---

① 雷晓艳、毛春华：《无线网络在高校校园网中的应用》，《中国现代教育装备》，2008年第7期，第18~19页。

② 马金钟、赵国宏、徐鹏：《基于校园网络教学平台的颠倒课堂教学实践研究》，《电化教育研究》，2014年第12期，第99~103页。

上购物成为大学校园里的一种时尚。

与此同时,校园无线网络也使得大学生的娱乐方式发生了变化。在校园无线网络全覆盖之前,青年学生的娱乐方式以打篮球、踢足球、踢毽子、跳绳、玩滑板、轮滑和打羽毛球等为主。校园无线网络全覆盖后,网络游戏受到广大青年学生的喜爱,网上的唱歌软件也受到同学们的欢迎。另外,校园无线网络使得大学生们的沟通方式也发生了革命性的变化。同学间的沟通有助于缓解压力,增加生活的乐趣,增进友谊。校园无线网络使得同学间的交流更加方便,拓宽了交流的渠道;同时也可以更好地加强师生之间的交流,有利于增进师生之间的感情。不仅如此,大学生还可以在宿舍订外卖,还有大学生兼职送快递,等等。显而易见,校园无线网络全覆盖后,大学校园里的购物方式、娱乐方式、沟通方式乃至生活方式都发生了重大的变化,使得大学生活更加丰富多彩。①

(三) 校园无线网络全覆盖带来的思维方式方面的变化

思维方式的改变是青年学生成长进步在大学阶段与中学阶段的重要区别之一。无线网络本身具有虚拟性、开放性、共享性、发散性等特点,可以帮助大学生更好地培养发散性思维,提高思辨能力,有利于大学生社会角色的转变与完善。发散性思维消除了传统思维死板、狭隘的弊端,使青年学生能够站在不同的角度,从不同的方向去思考问题,探求答案,客观地认识世界。发散性思维也是一种创新性思维,它突破常规,突破定势思维,鼓励学生勇于实践,大胆创新。创新是现代社会大力弘扬和着力提倡的一种可贵品质,校园无线网络使青年学生发散性思维的培养不再是一句空话。同时,校园无线网络全覆盖

---

① 吴仕云:《手机移动互联网对大学生校园生活的影响研究》,《中国教育技术装备》,2012年第18期,第21~23页。

给大学生提供了一个虚拟的交互平台,在这个虚拟平台上,大学生可以认识不同的社会现象,接触形形色色的人与事。通过在这个平台上有意识地自我锻炼,能够提高大学生应对问题、分析问题、处理问题的能力,能够提高他们应对现实的能力,使他们的思维更加开阔。①

二、消极影响

校园无线网络全覆盖在给大学生们的校园学习与生活带来积极影响的同时,也会因管理或使用方式不当而不可避免地对他们产生一些不良影响。②

(一) 降低了部分学生的学习效率

调查表明,在校园无线网络使用时间方面,有相当一部分大学生上网时间是没有节制的,想玩就玩,想玩多长时间就玩多长时间;有为数不少的大学生在课余时间上网,甚至还有些大学生会在课堂上使用无线网络上网。

我们正处于信息爆炸的时代,几乎每位大学生都有一部智能手机,很多同学难以抵制手机上网的诱惑,但如果一味地玩手机的话,势必会影响学习。在自习教室,经常会有部分同学学习一会儿就玩一下手机,到了中午吃饭时间又抱怨没学到多少东西。显然,校园无线网络全覆盖大大降低了部分青年学生的学习效率。

校园无线网络全覆盖也对大学生在上课时上网起到了诱导作用。在校园无线网络还没有全覆盖时,打游戏、看电影、逛淘宝不知道要

---

① 林秀曼、谢舒潇、吴芸:《基于网络教学平台的大学生学习能力促进研究》,《电化教育研究》,2013年第9期,第57~61页。

② 郑景献:《大学生网络道德教育研究》,《社会主义研究》,2002年第5期,第89~91页。

花费多少流量，学生们即使有动机也会考虑到经济因素而放弃在课堂上上网的想法。然而校园无线网络全覆盖后，制约上网的经济因素已不复存在，在课堂上玩游戏、逛淘宝、看电影等现象越来越普遍，这无形中影响了课堂秩序，严重影响了教师课堂教学的质量和学生课堂学习的质量。①

（二）对学生的心理健康容易产生不良影响

调查显示，在使用校园无线网络的目的方面，男同学以游戏、影音居多，女同学以购物、影音居多。诸如 QQ 或 MSN 等即时通信软件仍然是社交活动首选方式。相反，资料获取、下载文件等占很小的比重。②

大学生使用校园无线网络上网具有明确的目的性，而根据调查结果，大学生上网主要是为了娱乐。③ 校园无线网络全覆盖在带来海量信息的同时，难免会有大量的不良信息甚至有害信息，可能充斥着各种诈骗甚至色情信息等。当大学生抱着娱乐的目的去上网时，部分心智还不是很成熟的青年学生在面对这些不良甚至是有害信息时，会危及他们自身的心理健康。同时，网络上的海量信息对学生的认知造成了巨大冲击，通过网络快速方便地获取信息使得学生们独立思考的能力也有所下降。校园无线网络全覆盖使得青年学生过度上网，沉迷于虚拟世界中，长此以往，势必造成情感淡漠、人际交往能力下降，更有甚者可能造成心理封闭等心理疾病。④

---

① 王元花：《手机流媒蔓延校园之忧》，《人民论坛》，2006 年第 13 期，第 56~57 页。
② 赵磊、张守业：《大学生上网都干些啥——大学生网络资源利用情况调查与思考》，《统计教育》，2006 年第 8 期，第 53~56 页。
③ 王立珍、李彤彤、董清爽：《大学生上网行为现状调查分析——基于山东省日照市大学城大学生的调查》，《图书馆学研究》，2011 年第 4 期，第 75~80 页。
④ 周喜华：《大学生手机成瘾的探究》，《教育与教学研究》，2010 年第 4 期，第 16~18 页。

(三) 对学生的身体健康产生了不良影响

据调查,在校园无线网络使用的地点方面,以教学楼和寝室为主,其中在寝室上网所占比重稍大一点。①

寝室无线网络的覆盖使得一大批学生可以窝在被窝里上网,经常要到很晚才会放下手机睡觉,导致这部分学生睡眠不足,不仅影响了视力,更严重影响了休息。另外,还有一部分学生沉迷于手机游戏和各种娱乐软件,不按时吃饭和休息,严重地影响了他们的身体健康。并且,由于很多学生把精力用于手机上网,户外体育锻炼少,身体素质严重下降。

(四) 增加了考试作弊的可能性

虽然各高校均制定了严格的考试制度,对已发现的作弊考生也采取了相应的惩罚措施,但是发生在青年学生中的考试作弊现象仍屡有发生,而且他们的作弊方式更是因网络便利层出不穷。相关调查研究显示,校园无线网络全覆盖使得大学生的考试越来越依赖于百度,在开卷考试科目上几乎每个学生都是抱着百度考试的,而在闭卷考试科目上也会出现各种新奇的与手机使用有关的作弊方式。②

三、原因分析

如前所述,因管理及使用方式不当,无线网络全覆盖在给大学生带来诸多积极影响的同时也不可避免地会产生一些消极影响,而分析

---

① 姜涛:《大学生上网状况调查报告》,《辽宁行政学院学报》,2006 年第 8 期,第 185~186 页。
② 檀江林:《当代大学生网络道德建设的若干思考》,《青年研究》,2007 年第 1 期,第 37~42 页。

其消极影响的成因对于规避其消极影响有着重要的基础性作用。①

(一) 校园无线网络开放的时间段有待进一步合理化

校园无线网络开放的时间段直接关系到大学生对无线网络的使用时间，进而直接关系到学生能否借助校园无线网络之便利而健康成长。目前，大多数学校对于校园无线网络开放的时间段和地点并没有进行合理安排，有的高校校园无线网络开放时间段为早上六点半到晚上十二点，而有的高校则可能全天开放。学校为学生使用无线网络方面提供了便利，许多自控力较差的学生自然抵不住诱惑，中午牺牲午休时间上网，晚上牺牲正常睡眠时间上网，更有甚者，在没有课程安排的时候可能一整天都在上网。可见，上网的时间和空间不受限在一定程度上间接导致校园无线网络全覆盖消极影响的产生。

(二) 高校在大学生使用无线网络方面的引导和管理不到位

校园无线网络全覆盖是一种很好的教育媒介，可以切实有效地提高教学质量和效率。但许多高校老师依旧在采用"教师教和学生学"的传统教学模式，课堂上师生互动环节少，课堂气氛不够活跃甚至比较沉闷，这导致传统的课堂教学对身处网络时代的青年学生而言缺乏足够的吸引力。教师没有很好地将校园无线网络与课堂教学结合起来，间接导致学生在课堂上以娱乐为目的使用无线网络。大多数学校的课堂管理制度虽然很严格，但依旧不是很健全，学生在上课时间使用手机上网的现象依然存在。有的学校虽然每个教室都安装了暂时存放手

---

① 王兵：《论手机上网对高校大课堂教学的影响》，《北京邮电大学学报》，2010年第5期，第7~9页。

机的袋子，但是几乎没有学生会在上课之前将手机放到手机袋中。①

(三) 网络运营商因追求高额利润而忽视了对网络资源的管理

高校网络运营商与普通网络运营商不同，因为他们所面对的群体是心智尚未完全成熟的青年学生，这就要求他们在追求高额利润的同时，要兼顾大学生的身心健康。然而实际情况却是，高校网络运营商往往忽视了大学生自控能力差这一点，对网络资源几乎没有针对性的整合与管理，没有对垃圾信息进行有效过滤，在每个时间段都没有设置允许访问的网站，在上课时间没有进行流量控制，在教学区的访问网站也没有限制。他们为了追逐利润而忽视了网络资源的管理，难免会对学生造成一定的消极影响。②

(四) 大学生在使用无线网络方面的自控能力有待加强

相关调查结果显示，几乎所有的大学生都有过因过度上网而影响正常学习的经历。③ 这是因为校园无线网络全覆盖使得上网更方便，能够随时随地刷微博、网上购物、玩游戏、聊天，甚至是看视频。由于上网的时间和地点不受限制，许多自我约束能力不强、自控能力较差、不懂得如何合理利用网络资源的大学生，浪费了许多宝贵的时间和精力。归根结底，校园无线网络全覆盖所带来的消极影响最根本的原因是部分青年学生的自控能力较差，对使用校园无线网络缺乏自控能力，

---

① 曾秋菊：《关于大学生网络道德状况的调查与分析——基于郑州六所高校的问卷调查》，《学校党建与思想教育》，2009年第25期，第88~90页。

② 范笑仙、赵金秀：《以主体性教育为取向 提高大学生网络道德水平》，《中国高教研究》，2003年第9期，第81~82页。

③ 刘铭：《关于大学生上网现象的思考与对策》，《中国成人教育》，2006年第8期，第47~48页。

没有节制。①

四、规避建议

揆诸事实,校园无线网络全覆盖顺应了教育信息化的需要,一方面给高校师生带来了巨大的便利,另一方面也因管理及使用方式不当而不可避免地产生了一些消极影响。为了规避因管理或使用方式失当导致校园无线网络全覆盖给大学生所带来的消极影响,笔者建议从学校、教师、网络运营商和学生自身四个方面来予以协同解决。②

(一) 学校应该设置科学而合理的校园无线网络开放时间段

校园无线网络全覆盖开放时间长,时空不受限,使得许多自律性较差的学生难以抵制上网的诱惑。③ 为此,学校应该设置科学合理的网络开放时间段。首先,教室的无线网络可以全天候开放,同时要禁止一些网站的访问;寝室的无线网络开放时间从周一到周五的午休时间要严格控制,午休从一点开始到上课时间要关闭无线网络,晚上无线网络在十一点半之后要自动关闭。其次,学校要与网络运营商沟通,从学生发展的角度出发,消减校园无线网络的商业性,增强其为学生服务的意识。最后,鉴于校园无线网络还存在一些安全隐患,一方面学校应当采用先进的管理技术来避免安全问题的发生;另一方面要加大校园无线网络安全的宣传力度,开展相关方面的学习和讲座,提高

---

① 谢忠强、刘转玲、黄红莲:《大学生网络道德失范现象分析及其教育干预》,《扬州大学学报(教育科学版)》,2010年第1期,第80~82页。

② 牟芷、王越:《新媒体时代下大学生课堂使用手机情况调查与对策研究》,《教育教学论坛》,2015年第38期,第4~5页。

③ 周喜华:《大学生"微信控"现象的现状、原因及对策》,《教育探索》,2016年第3期,第105~109页。

广大师生校园无线网络安全意识,有效提高无线网络的安全性。为了保障无线网络的安全性,学校一方面要加大对校园无线网络建设的资金投入,另一方面要制定有效的策略,建立完善的网络安全管理制度,培养专门的网络安全管理人才。①

(二) 教师应当发挥应有的引导作用

事实表明,许多大学生上网是因自身娱乐的需要,只有部分学生是出于搜集与学习相关资料的目的,这不仅降低了学习效率,也降低了学习的质量。② 校园无线网络作为一种教育资源和媒介,具有信息量大、速度快、影响范围广、影响深刻等特点。它不但可以丰富教学内容和教学形式,而且可以拓宽教学途径,帮助大学生在更加宽广的环境中学习。教师应该制定课堂规则,应当对学生加强思想政治教育,可以在校园宣传栏对校园无线网络的利弊进行展示,可以开展以如何正确使用校园无线网络为主题的研讨,可以进行学校范围内大规模的宣讲活动,也可以在对教室进行装扮时制作无线网络利弊的宣传画,使得学生端正对校园无线网络全覆盖的态度。此外,教师要积极主动地接受校园无线网络全覆盖的事实,将校园无线网络资源融入传统教学模式中,同时要不断增强课堂教学的吸引力,形成师生互动的良好局面,逐步提高课堂教学的质量。这样可以消减校园无线网络全覆盖的消极影响,也有利于教师自身教学能力的提升和学生的进步。③

---

① 顾晓虎:《大学生网络道德人格的缺失与重塑》,《江苏高教》,2007年第5期,第105~106页。

② 萧炽成:《当代大学生上网状况存在的问题与对策》,《中山大学学报论丛》,2005年第3期,第291~293页。

③ 罗福先:《浅谈大学生的网络道德教育》,《广东行政学院学报》,2002年第5期,第84~86页。

(三) 网络运营商应当对网络资源进行过滤

网络运营商拥有巨大的用户量,面对大学生这个心智还不是很成熟的特殊群体,网络运营商在推广大力度的优惠措施的同时,往往忽略了对网络资源有针对性的过滤,大量不良信息流入大学校园,对大学生造成了不可预见的危害。毕竟网络上的海量信息中不乏有害信息甚至色情信息,这些都会对大学生产生不良影响。网络运营商应该对网络资源进行有效过滤。首先,要针对校园用户安装不良信息过滤系统,可以设置游戏控制功能,也可以设置自动关闭功能,让无线网络在夜间和午休时间自动关闭;其次,要针对校园用户适当地设置可搜索的网络区域,对学生上课的时间、地点进行积极主动地控制;最后,要针对校园用户在课堂时间内禁止访问一些非法网站和娱乐类网站,要对学生搜索的内容进行关键字过滤,使得学生与外界不良信息隔离,避免因访问这些网站而造成不良影响,杜绝安全隐患。[①]

(四) 大学生应当有自律意识

校园无线网络作为一种新生事物,本身并没有坏处,问题的关键在于使用者本身。[②] 出于规避校园网络全覆盖消极影响的考虑,大学生自身需要明确如下几点主观认识:第一,大学生要对校园无线网络全覆盖有一个正确的认识,持正确的态度,要将收集国内外资讯、搜集专业课相关资料、下载学习文件等当作自己上网的首要目的,让校园无线网络切实成为有用的学习媒介与工具;第二,大学生要保证正常的吃饭和休息,尤其是要保证足够的睡眠,同时要及时调整心态,提

[①] 董虹凌、戴黍:《大学生网络道德行为状况问卷调查与分析》,《第一军医大学分校学报》,2003年第2期,第129~131页。

[②] 郑景献:《大学生网络道德现状透视》,《思想教育研究》,2003年第1期,第20~21页。

高抵制诱惑的能力，提升自控、自律意识；第三，针对在学习时间玩手机的现象，成瘾的大学生应该订立目标，采取循序渐进的方式，逐步做到不以娱乐为目的而使用手机，同时使用校园无线网络也要有节制、有时间观念，要使自己真正成为校园无线网络的主人。①

五、结语

当前，我国社会正经历飞速发展与变迁，科技的不断创新与飞速发展为教育信息化提供了便利条件。随着无线网络技术的成熟与发展，它已经普遍应用于大学校园当中。校园无线网络全覆盖突破了有线网络固定的信息点，使用户能够方便、高效地利用网络资源，满足了信息化时代的要求。校园无线网络最大的优点就是具有移动性和灵活性，使教师和学生能够随时随地上网。高校在校学生多、移动需求大、不容易布线等问题促使学校将无线网络应用于校园。校园无线网络的建设与使用能够有效地提升高校教学质量和效率，帮助广大师生及时获得有效的信息。因此，将无线网络建设纳入高校校园网络建设非常有必要。然而，由于管理或使用方式的失当，校园无线网络全覆盖在带来积极影响的同时也不可避免地带来了消极影响，成为一把双刃剑。高校校园无线网络的建成与使用可以说是一项巨大的工程，在这个过程中，校方、网络运营商及大学生自身都要注意各个方面的问题，争取最大限度地发挥无线网络全覆盖的现有功能和隐藏功能，使其能够趋利避害，切实推动教育信息化水平的提高。

---

① 黄东桂：《高校网络道德教育透视》，《广西大学学报（哲学社会科学版）》，2004年第6期，第96~99页。

大学生思想政治教育应充分重视网络因素[①]

随着网络普及程度愈来愈高,网络因素对大学生思想政治教育的冲击越来越明显,日益成为高校思想政治教育必须重视的问题。本文主要就大学生思想政治教育中的网络因素作初步探讨。

一、思想政治教育应全面重视网络的影响

大学生思想政治教育是指高校思想政治教育工作者依据科学的教育原则对大学生实施理论指导、心理矫正等行为,使个体心理尽可能地保持健康状态的实践活动。[②] 传统的高校思想政治教育主要以人与人之间直接的思想互动为渠道,但随着互联网的出现,思想教育的传统模式也遇到了时代和科技的挑战。[③] 高校思想政治理论教育工作者应对网络的影响有科学而全面的认识,既要看到网络给思想政治教育带来

[①] 该文原刊于《高等函授学报(哲学社会科学版)》2010年第3期。
[②] 谢忠强:《试论历史教育在新型荣辱观中的作用》,《产业与科技论坛》,2008年第1期,第223~225页。
[③] 方鸿志、代勇真:《大学生网络成瘾的积极心理干预》,《中国健康心理学杂志》,2019年第12期,第1906~1910页。

的积极影响，也要看到网络给思想政治教育带来的负面危害。[1]

随着互联网的应用与普及，其积极作用是显而易见的。客观地分析，网络为大学生思想政治教育提供了全新的环境。网络的开放性、隐蔽性和交互性有利于高校思想政治教育工作者及时、全面地了解学生的思想状况。[2] 网络的交流方式具有一定的隐蔽性和较强的互动性，往往能够使大学生们率真地吐露心声，倾诉他们真实的思想与情感，这样教育者可以在交流中对大学生的思想动态进行综合分析，准确地把握其思想脉络。[3]

师生之间深层次的沟通，有利于师生间架设心灵沟通的桥梁，提高德育的针对性和实效性。此外，网络交流的平等性有利于大学生个性发展和自我人格的完善。[4] 通过网络交流，有的大学生可以加深自我认识，做出更成熟的自我评价，进一步明确自己的人生坐标和价值取向；有的大学生如果平时缺乏自信，则可以通过网上交流发现自身的优势和潜能；而有些在现实中受到挫折的学生则可以通过网上谈心，使精神得到勉励，获得克服困难的勇气。[5] 但是网络对大学生的消极影响也不容忽视。大学生是一个充满青春活力的群体，网络为他们提供了丰富的信息和实践的舞台；众多学生都要求自己必须掌握网络技术，有的则沉浸于对网络技术的追求。网络技术的日新月异，对于喜欢探

---

[1] 谢忠强、刘转玲：《以科学发展观为指导推动我国高等教育的全面提升》，《西南科技大学高教研究》，2009年第4期，第23~25页。

[2] 沈晓海：《新时代大学生网络文明素养的审视与提升》，《高校辅导员学刊》，2019年第5期，第46~51页。

[3] 李睿贤：《大学生网络风险防范路径探索》，《南方论刊》，2019年第11期，第83~85页。

[4] 孙霞：《大学生网络心理健康教育的问题和出路》，《农村经济与科技》，2019年第20期，第248~249页。

[5] 李友善、李晓书、吴立龙：《探索网络思想政治教育规律对大学生开展网络思想政治教育》，《思想政治教育研究》，2003年第2期，第28~29页。

索、追求新事物的大学生无疑充满着诱惑，自然就有不少大学生痴迷于它。对于网络的探索，上网冲浪，有的是有用的，有的是无用的，稍有不慎，负面效应立即产生。①

综合来看，网络因素对大学生思想影响的表现非常多，其中最应该引起高校思想政治教育者关注的是文化的视角。网络文化的异质性容易对大学生的成长产生负面影响。网络在带来先进的科学技术和思想观念的同时，也不可避免地带来了与社会文明进步相违背的异质文化。网络色情等文化垃圾对大学生的冲击不容忽视。面对鱼龙混杂的网络文化信息，如果不能及时加以正确引导，就很难避免大学生人生观、价值观发生蜕变。网络的虚拟特征极易导致大学生人际关系冷漠，沉迷网络。网络文化不仅会影响大学生如何看待社会，而且影响如何看待自己、他人及其相互关系，影响他们的身心健康、人际交流和社会沟通。面对那些目不暇接的网络信息和网络游戏，有些学生往往不能正确处理上网漫游与学习、工作、人际交往的关系，而是沉迷网络不能自拔，影响学业的完成和良好生活习惯的养成。

二、大学生网络道德失范的原因

网络给大学生思想和心理带来负面影响是一个复杂的心理认知机制，其中的核心问题是大学生在虚拟环境中对社会道德的漠视。高校思想政治教育工作者要想真正了解网络负面影响的内在机制，核心问题之一就是要客观分析大学生网络道德失范的原因。

从伦理学的角度出发，任何社会道德（包括网络道德）都是一定社会群体的共同利益、要求和意志的价值凝结物，总是作为具有普遍

---

① 靳家宝、杨嵘灏：《大学生网络安全教育的作用途径研究》，《教育现代化》，2019年第83期，第238~239页。

性的社会约束而存在。① 网络道德的基本原则、规范和要求只有转化为网民内在的道德自律，成为其身处虚拟环境中所具有的特殊道德素质，才会真正发挥作用。造成当代大学生网络道德失范的原因较为复杂，其中不仅有大学生网民个体素质的因素，也有相关行业立法真空的关系，同时更有整个社会大环境不良风气的影响。

社会心理学理论认为，社会化作为一个发展过程，是社会个体和他人之间一种连续的、相互作用的过程，其中，现实社会里人际沟通对个体社会化进程至关重要。② 如果脱离社会群体，缺乏必要的人际交往，个体就无法成为一个真正的"社会人"。然而，现实中许多大学生沉迷于网络，过度地在网络上寻求精神寄托，自我封闭，无论是身体上还是精神上都严重地脱离了现实社会。③ 诸多心理学测试表明，大多数痴迷于网络的学生都不同程度地表现出环境适应不良、学习兴趣不浓、人际关系受挫、情绪内敛、情感压抑、思维受阻、性情孤僻等。面对现实的困难和挫折，他们不是积极、认真地去应对，而是选择消极逃避，在虚拟的情境中找寻精神慰藉和心理平衡。④ 过度依赖网络不仅阻断了大学生正常社会化的渠道，更可能导致他们在感知、思维、情感、意志、个性等方面都受到不同程度的削弱。⑤

---

① 顾晓虎：《大学生网络道德人格的缺失与重塑》，《江苏高教》，2007 年第 5 期，第 111~112 页。

② 黄戈林、倪佳琪：《马克思交往理论视域下大学生网络社交的发展、主要挑战与优化路径》，《思想教育研究》，2019 年第 9 期，第 117~120 页。

③ 金童林、乌云特娜、张璐、李鑫、黄明明、刘振会、姜永志：《网络社会排斥对大学生网络攻击行为和传统攻击行为的影响：疏离感的中介作用》，《心理科学》，2019 年第 5 期，第 1106~1112 页。

④ 丁倩、孔令龙、张永欣、周宗奎：《父母物质主义与大学生网络强迫性购物：序列中介效应分析》，《心理发展与教育》，2019 年第 5 期，第 549~556 页。

⑤ 黄文玲：《高校网络文化与网络思想政治教育的可持续发展》，《理论月刊》，2004 年第 1 期，第 139~140 页。

除社会心理学的理论分析成果之外,现实社会的道德规范模式与网络虚拟空间道德约束机制的薄弱所形成的落差,也在很大程度上造成了当代大学生网络道德的失范。[1] 大学生对网络的认识普遍偏重于技术的掌握和运用,他们为网上所传递的丰富多彩的信息和自由交往的形式所吸引,充分地享受网络带来的各种便利,但是对于网络对身心发展的影响、网络道德规范的真空等深层次问题均缺乏深入思考,对在网络社会中生活应具有的道德观念、道德规范和道德行为缺乏应有的自我干预。[2] 在日常的社会生活中,由于自我控制和自我约束能力不足,大学生的社会道德一般都处于学校以及家庭等相关群体的监督之下,社会规范对其行为也有着明确的约束。而在虚拟的网络空间,由于相关监督约束机制缺位,这些特殊网民的网络行为得不到相应的控制和约束,一定程度上导致网络道德失范现象的发生。[3]

一言以蔽之,网络虚拟自由的时空是实体社会的延伸,具有虚拟性、交互性、开放性等特点,它不但打破了实体社会中各种制度、机构、权威对大学生的约束,而且极大地超越了传统实体空间的种种规范。这种教育对象活动时空(实体社会和虚拟社会)的变换,使网络道德教育环境的失控性因素增多。[4] 在网络技术的冲击下,信息的大流量交换使得通过控制信息而树立规范的传统模式失效,原来凭借制度所赋予的敬畏在当代大学生网民心中,随着计算机键盘清脆的敲击声

---

[1] 陶炜、冯强:《大学生网络游戏成瘾的影响因素及作用机制——风险感知、学习自我效能感和游戏成瘾的关系探析》,《教育学术月刊》,2019年第10期,第84~90页。

[2] 郝琪、程子尧、李日东、杨烁、周平、彭波、李慧:《大学生网络成瘾的相关影响因素研究进展》,《职业与健康》,2019年第20期,第2858~2862页。

[3] 邓英:《浅谈大学生网络道德教育》,《高等教育研究》,2008年第2期,第89~90页。

[4] 余皖婉、王继年、赵梦宇:《大学生网络强迫购物现状与主观幸福感、焦虑抑郁的关联探究》,《心理月刊》,2019年第18期,第1~4页。

而日渐弱化。①

三、消除网络负面影响的思路与对策

面对网络对于大学生思想政治教育的猛烈冲击，对于高校思想教育工作者而言，选择客观、冷静、全面的态度非常重要。② 我们既要客观认识网络影响正面、负面二律背反的现状，更应该从科学的教育规律出发，积极寻找趋利避害的有效措施。具体来说，我们可以从以下几个方面入手。

首先，我们应该从营造健康的网络文化入手。如果说网络时代是人类社会发展的新时代，那么，网络文化也就属于文化发展的新形态，是文化进步的新趋势。③ 网络也有许多的形式和手段，可以承载文化的丰富和创新。营造全新的网络文化氛围，是区别思想政治教育是真正引进网络资源，还是仅仅披上了网络的外衣而实质仍是传统的刻板、灌输式教育的标志之一。④ 我们不能回避网络文化的客观规律，必须用先进的文化占领网络阵地，引导网络文明和社会主义精神文明协调发展，努力营造一个健康向上、丰富多彩的网络文化氛围，从而丰富和发展党的思想政治工作的内涵；我们应该采用大学生喜闻乐见的方式，如利用电子论坛、聊天室等交互式的信息传输方式进行有说服力的、有针对性的宣传和沟通，把科学理论灌输和渗透到大学生头脑中去，

---

① 方兵：《时间理论视域中大学生网络安全素养培育研究》，《山西高等学校社会科学学报》，2019年第9期，第60~64页。

② 徐晓彤、刘加珍、李梅：《网络游戏是否该禁止——基于大学生网络游戏成瘾的思考》，《教育教学论坛》，2019年第40期，第246~249页。

③ 仲伟伟、刘丽萍、汪方正：《基于模糊聚类的大学生网络情感分析研究》，《电脑知识与技术》，2019年第28期，第226~228页。

④ 徐建军：《网络思想政治教育与现实思想政治教育》，《思想政治教育研究》，2009年第2期，第7~9页。

培养大学生的是非判断能力,让他们在多元化的价值观体系下学会鉴别,学会选择,自觉抵制各种不良思想、观念的侵袭。①

其次,应引导大学生培养网络自律精神。德国古典哲学创始人康德认为,道德就其本质来说,只能是人的意志的自律,他认为道德的最高境界是自律。美国著名的发展心理学家和道德教育理论家柯尔伯格认为,学校道德教育的目的是培养学生的道德自律,使其达到不律而律。② 马克思也指出:"道德的基础是人类精神的自律。"在网络世界中,面对面的人际交往变成了互不相见的虚拟交往。网络的虚拟性和匿名性使人们摆脱了现实身份的束缚,性别、年龄、相貌、身份都可以隐匿和篡改。③ 隐藏了真实身份的网络主体脱离了社会身份的约束和监督,使道德的他律作用大大降低,网络空间更容易使人道德迷失。在这种情况下,个人的道德水准和自律能力就显得非常重要。因此,道德的自觉性、自主性和自控性使得自律成为网络道德建设的主要保障。④

最后,建立思想政治教育的"红色网站",用社会主义核心价值体系引导大学生培养健康的社会情感。社会主义核心价值体系明确指出了坚持马克思主义指导思想的重要性。坚持马克思主义的世界观和方法论,可以使我们更加清醒地认识到社会发展中存在的问题。⑤ 对大学

---

① 李向阳:《增强网络思想政治教育的引导力》,《中国高等教育》,2005年第11期,第20~21页。

② 何保建:《三观教育是网络思想政治教育的核心内容》,《教育探索》,2007年第9期,第90~91页。

③ 张丽、张清学:《大学生网络赌博行为干预工作探析——以一起大学生网络赌球事件为例》,《网络安全技术与应用》,2019年第10期,第99~102页。

④ 周志强:《对构建网络思想政治教育学体系的思考》,《西南大学学报(社会科学版)》,2008年第1期,第96~99页。

⑤ 谢忠强:《从1949年到2009年:中华民族伟大复兴的历史路径——纪念中华人民共和国建国六十周年》,《内蒙古社会科学》,2009年第3期,第1~4页。

生进行思想政治教育要上升到一定的理论高度,使其在虚幻的网络社会中也能够形成和现实社会中一样的网络社会主流意识形态,使大学生在网络的虚拟社会中能够用马克思主义的立场、观点、方法来正确地认识错综复杂的网络社会,看清事物发展的本质,把握自身在网络社会中的定位和发展方向。① 唯有如此,我们才能真正地将当代大学生从网络的负面影响的阴影中解救出来,使其在坚持中国特色社会主义的共同理想的前提下,② 为中华民族伟大复兴贡献自己应有的力量。

---

① 孙梦遥:《大学生网络道德失范现象分析及对策探究》,《教育现代化》,2019年第82期,第325~326页。

② 谢忠强:《建国以来构建社会主义和谐社会的理论路径》,《山西大同大学学报(社会科学版)》,2008年第3期,第4~7页。

当前我国大学生信息素养提升研究[1]

在信息化社会建设日新月异的时代语境下,大学生作为使用网络信息最活跃的社会群体,对其信息素养提升之研究具有重要的学理及现实意义。本文主要对当前我国大学生信息素养提升的重要意义、影响因素、提升路径等进行系统性的理论探讨。

一、大学生信息素养及其提升的重要意义

(一)信息素养概念的演化

"信息素养"最早是与公共图书机构的文献搜阅功能相关的,只是当时人们对大批量信息检索的要求还不是太高,而文献搜阅的过程也普遍是依靠人工操作进行。[2] 到了20世纪70年代,为了与人工智能技术的起步和迅猛发展相配套,人们对大批量信息检索和处理之需求越来越大。在社会实践的不断催生下,"信息素养"作为一个新兴的科技

---

[1] 本文原刊于《中共太原市委党校学报》2020年第2期。
[2] 吴晓英、杨应全:《工程教育认证背景下大学生信息素养培育模式研究——以重庆科技学院为例》,《图书馆学刊》,2019年第10期,第18~22页。

概念应运而生。20世纪80年代末，美国公共图书机构协会首次尝试明确界定"信息素养"的概念，即拥有"信息素养"的社会个体具有信息需求判断能力，并具备快速捕捉、掌握、使用和评价有效信息的综合能力。

到了20世纪90年代中期，在互联网技术发展浪潮的影响下，国际学术界对"信息素养"的探讨也相应地加入了新型通信技术的因素，将网络信息代替了最初的公共图书机构之文献信息，当作人们"信息素养"的核心对象。1996年底，美国公共信息专业协会在专业学术共同体的反复研讨并达成一致之基础上，将"信息素养"概念的内涵明确定义为"通过获取、使用、评估信息而拥有较强终身学习之素养"，并以此为基础发布、形成了"高等教育信息素养建设框架"，受到了国际社会的广泛关注与采用，进而成为全球信息素养理论体系的标准框架。①

21世纪伊始，联合国教科文组织为了推动全球的信息化水平而专门组织了一系列的学术理论研讨，并将"信息素养"与社会个体的终身学习能力进行了概念对接。在此基础上，联合国教科文组织于2005年发表了信息社会建设的指导性宣言，将信息素养提高到了信息社会人类夯实自身学习能力的"灯塔"之重要地位。

（二）大学生信息素养提升的重要意义

信息素养是大学生学习和生活必备的一项素质。② 大学生信息素养的提升具有重要的理论意义和实践意义。

---

① 杨鹤林：《美国〈高等教育信息素养框架〉分析与思考》，《图书情报工作》，2015年第12期，第141~146页。

② 马睿、林红珍、江运君、石佳伟、李立：《提高大学生信息安全素养策略》，《科技创业月刊》，2019年第9期，第146~149页。

1. 大学生信息素养提升的重大理论意义

随着互联网技术、新媒体技术的深入及广泛应用，信息传播和扩散的程度是前所未有的。缺乏信息检索技能、批判性思维、知识再创造能力等信息素养，会严重制约大学生解决实际问题能力的有效提升与发挥。因此，信息素养是大学生综合素养的核心要素，它不仅是大学生全面发展的必备品质，也关系到大学生就业及社会发展的现实需要。①

根据教育部2018年4月发布的《教育信息化2.0行动计划》之精神，要通过"互联网+教育"的方式建立人才培养新模式，到2022年基本实现高校师生信息应用水平和信息素养的普遍提高。在此背景下，可以看出，信息化素养的提升是当前我国国民教育发展中的一个重要问题。作为新时代中国特色社会主义事业建设的重要参与力量，大学生信息素养水平是建设经济强国、教育强国和信息强国的关键因素。②

2. 大学生信息素养提升的实践意义

在信息社会，信息素养是大学生学习能力、实践能力的重要基础。信息社会建设也对大学生提出了更好的实践性要求，具体包括如何及时捕捉信息，如何有效地过滤、甄别和使用信息等。③ 可以说，信息素养在很大程度上影响着大学生的创新能力和创新意识。

教育部在《关于加强高等学校本科教学工作提高教学质量的若干意见》中强调，高校应注重大学生创新能力的提升和创新意识之培育。

---

① 王英雪：《大学生信息素养和批判性思维的培养》，《辽宁工程技术大学学报（社会科学版）》，2011年第2期，第197~200页。

② 黄晓斌、彭佳芳：《新环境下大学生的信息素养评价研究》，《图书馆学研究》，2019年第19期，第12~20页。

③ 李明华、方丛蕙、叶强：《信息过载环境下的大学生元素养教育探究》，《新世纪图书馆》，2019年第7期，第22~27页。

而要在信息时代培养大学生的创新意识和创新能力，首先就要培养大学生的信息素养。信息素养的日积月累、触类旁通可以帮助大学生迸发出智慧的火花，点燃创新的火种，从而提升创新能力。这既是创新活动的开始，也是创新思维的形成过程。①

二、当前影响大学生信息素养提升的主客观因素

随着全国网络信息社会建设步伐的日益加快，如何养成通过合理而有效利用信息资源提升自身学习能力的优良素养，便成为当代大学生成功成才的重要条件。② 而要有效提升当前我国高校青年学生的信息素养，首先要在"问题意识"的指导下，搞清楚其影响因素主要有哪些。总体而言，当前对大学生信息素养提升的影响因素主要有主观与客观两个大的方面。

（一）主观方面的影响因素

1. 大学生信息学习观。信息素养所指的学习观念对大学生而言，主要体现在自我意识和学习方式两个维度。③ 自我意识主要是指学习者的创造能力和自我管理能力，这是增强大学生学习转化能力、培养创新改善能力的重要影响因素；学习方式包括被动接受二手资料学习和主动接受第一手资料学习。建议大学生在学习期间充分发挥自我的主动性，通过身边的第一手资料积极自主获取信息，并学会从不同维度

---

① 韩玉、黄易、潘梦雪：《大数据时代大学生信息素养培育研究》，《学校党建与思想教育》，2018年第11期，第59~61页。

② 徐春、张静：《中国药科大学药学类大学生信息素养教育实践与思考》，《图书馆研究与工作》，2019年第7期，第27~30页。

③ 周欣娟、颜潇：《高校图书馆开展大学生信息素养教育的策略》，《西部素质教育》，2019年第16期，第54~55页。

进行知识内涵的剖析、思考和转化。①

2. 大学生信息意识。所谓的信息意识，是不以人的意识为转移而客观存在的信息和信息实践活动在人们头脑中的一种活灵活现的反映，具体表现为人们对所关心的事或者事物的信息敏感力、观察力、分析判断能力以及对信息的创新能力，也是对信息日益多样化的感知及论点的整合，主要包括三个方面：信息浏览期、信息预想期、信息感知期。在广泛的信息海洋中，良好的信息意识可以充分帮助大学生精确地找到自己所需求的相关信息，一定程度上加以分析并且合理地做出相关评价，对大学生的信息获得能力和合理运用信息的能力起着至关重要的引导和管制作用。②

3. 大学生信息能力。利用现代信息技术的能力、信息获得能力、信息归纳能力、信息转换能力、信息管制能力、信息评价能力和信息的运用能力等七个部分共同构成了大学生的信息素养。信息常规知识、信息基础技能、信息必备策略三个方面构成了大学生信息素养的必备要件。多方面能力的综合提升是大学生信息能力的显著体现，这种体现是以信息意识为基础和前提的，是以信息技能为策略的多种混合能力交错产生的体现。③ 决定信息素养能力的高低和相关发展程度最重要之处在于是否能够形成网络化、信息化的信息知识策略的架构。而以信息活动要求和问题方法为核心，将有差异的信息知识策略的构造进行整合，实现信息知识、信息技艺和信息方式以及信息策略的信手拈来和高度的信息化、体系化，形成有利于问题处理的、系统

---

① 张晋鹤：《学习场景下大学生信息素养提升策略研究》，《图书馆杂志》，2017年第12期，第75~79页。

② 徐文静、彭立伟：《美国的信息素养项目剖析与启示》，《大学图书馆学报》，2018年第2期，第100~106页。

③ 刘云高：《法律责任视域下大学生信息素养培养路径探析》，《湖北成人教育学院学报》，2019年第4期，第44~47页。

化的信息活动建构,则意味着大学生信息素养达到了一种较高标准和状态。

4. 大学生信息伦理。所谓大学生信息伦理,是指在所有的大学生信息素养养成过程当中,对大学生的日常行为、心理、个人信息安全与道德等方面进行管制,确保大学生在搜集、整合、使用、评估等接触信息的全过程中的行为表现符合道德规范,是调节信息处理者、信息传播者以及信息使用者之间相互关系的行为管制之总和。在当今信息爆炸时代,一方面大学生的生活方式和一部分学习方式产生了很大的导向性变化;另一方面,高校在对大学生进行道德教育过程中面临着从未有过的挑战与压力。这就要求大学生要努力提高自身安全意识,加强自身道德约束,提高自身的信息化道德意识。简单来说,大学生信息伦理在一定程度上是对大学生信息知识、信息能力等必备条件之上的一种更高的道德要求。①

(二) 客观方面的影响因素

1. 高校相关课程设置。各高校对大学生信息素养学科建设的高度重视是与大学生信息素养水平直接相关且至关重要的。一般来说,科学合理地建构相关学科在很大意义上有利于对大学生信息意识、信息获取、信息评价、信息管理、信息安全与道德等六个维度能力之培养。各高校可以依据不同时代大学生信息素养的特点,有针对性地设置信息素养教育的学科规划,辅助大学生建构系统的信息素养知识体系,使大学生的信息素养能力更加系统化,最终有效提升大学生信息素养的综合水平。②

---

① 钟志贤:《面向终身学习:信息素养的内涵、演进与标准》,《中国远程教育》,2013年第8期,第21~29页。
② 马腾、孙玲:《信息生态视域下高校大学生数据素养评价研究》,《情报科学》,2019年第8期,第120~126页。

2. 图书馆资源建设以及相关教育。高校公共图书机构基本设施建设为提升大学生信息素养提供了至关重要的基础。首先，高校公共图书机构自身拥有类型多样的知识信息资源，不仅有助于大学生的知识建构，而且也潜移默化、深远持久地影响到了大学生的情操锤炼；其次，高校公共图书机构的多功能利用平台科学合理地充当了提升大学生信息素养的实训场域。①

3. 校园网络建设与管理。影响大学生信息素养提升的又一关键客观因素是高校对校园网络的科学建设。高校校园网资源的管制与建构、防范系统体系的进一步完善以及督察工作的落实到位等都在一定程度上可以有效防止污染信息进入校园。高校应该高度重视对大学生使用校园网络过程的规范与管理。②

4. 区域经济发展落差之影响。影响大学生信息素养的一个间接因素同时也是一个无可回避的影响因素就是区域的经济发展水平。有效提升高校信息基础建设最关键的是要拥有高水平的软件及高质量的硬件设施。然而，软硬件设施的配套建设离不开当地政府财政上的大力支撑。我国东中西部地区经济发展水平存在显著差异，东部地区经济发展早、发展快，而中西部地区发展晚、发展慢。中西部地区受到经济发展水平的限制，该区域内的高校在信息设施的建设上远远比不上沿海地区之高校，进而在很大程度上造成了不同地区间大学生信息素养之客观条件方面的落差。③

---

① 刘航、刘秀丽、王江：《信息化时代大学生的信息素养现状及培养对策》，《情报科学》，2013年第11期，第42~45页。
② 谢忠强、邢锐锐：《校园无线网络全覆盖对大学生影响的理论分析》，《天中学刊》，2018年第2期，第146~149页。
③ 郭玮：《高校大学生信息素养状况调查与分析——以兰州大学为例》，《图书与情报》，2013年第6期，第119~122页。

三、我国大学生信息素养的现状及提升路径

（一）我国大学生信息素养的现状

当前大学生在信息意识方面比较敏锐，但是随着信息时代的到来，其能力与现实需求相比还是存在诸多亟待提升之处。当前大学生对5G、区块链等一些新知识了解甚少，其原因一方面是在课程学习中的不重视，另一方面也是自身缺乏信息获取和素养提升的意识。在信息获取方面，当前大学生信息获取能力低，从可信性、有效性、准确性、权威性等评价维度反映出大学生对信息的掌握不够充分。① 在信息评价方面，高校大学生的信息评价能力较差，部分大学生存在网络受骗现象，其主要的原因是对信息素养评价不到位。在信息管理方面，高校大学生信息管理能力低。其原因一方面是大学生缺乏信息管理意识，另一方面学校课程安排也缺乏与信息管理能力相联系的媒介。在信息应用能力方面亦存在一定的偏差。大学生信息应用更多偏向于娱乐活动方面，大多忽略了信息应用能力对今后学习和就业方面的作用。在信息安全与道德方面，大学生对信息安全与道德的认识与理解不够全面，缺乏主动学习和了解有关信息安全与道德方面知识的意识，对信息安全与道德方面知识的辨析能力薄弱。②

（二）当前我国大学生信息素养提升的路径

首先，从个人层面而言，大学生要加强自律意识和自身信息道德

---

① 荀禹：《新媒体时代背景下大学生信息素养培养与提高研究》，《教育教学论坛》，2019年第32期，第267~268页。

② 张琦：《教育信息化2.0时代大学生信息素养的现状、问题与思考》，《教育现代化》，2018年第24期，第279~280页。

教育。网络的出现和发展使人类的日常生活发生了翻天覆地的变化。原有的社会结构、社会行动方式以及社会分层在网络与信息的冲击下发生了很大的变化。网络给人们的工作、生活、学习等带来了种种便利。① 然而，网络又是一把双刃剑。一方面，网络有很多优势，另一方面，网络也有可能对我们的生活、工作、学习带来很多不利的影响，甚至会误导大学生的成长。② 如沉迷于网络游戏、网络成瘾、网络诈骗等。因此，大学生要正确认识网络的两面性，用其所长、避其所短，发挥网络对自身成长的积极作用，同时提高网络信息安全意识，提高自身对信息的甄别能力。此外，大学生还需要遵守网络道德，遵守纪律和法律，提高自我约束能力，树立远大理想，培养社会责任感，自觉抵制非法及错误的网络现象，屏蔽负面的网络信息，有效提升对非法及错误网络信息的防御能力，进而形成合格的信息伦理素养。

其次，就学校教育而言，要努力强化大学生信息素养教育。③ 一方面，要加强高校图书馆信息化建设。图书馆是大学生获取信息的重要媒介，要加强高校图书馆基础设施建设，建立数字图书馆、多媒体阅览室，并合理利用人工智能技术等；另一方面，要强化信息素养与课程教育的整合力度。建议高校有针对性地开设一些与大学生信息素养提升有关的教育课程，或者在日常教育过程中有机融入一些与大学生信息素养提升相关的内容。④

最后，就社会层面而言，良好的社会环境是提高大学生信息素养

---

① 刘咏梅、谢阳群：《"搜索即学习"视角下大学生信息素养行动研究》，《情报理论与实践》，2019年第8期，第97~103页。

② 郭苗苗、吴了：《高校图书馆提升大学生信息素养的对策研究》，《新闻研究导刊》，2019年第16期，第24~25页。

③ 黄晓霞：《信息时代下的大学生信息素养教育》，《中国中医药图书情报杂志》，2019年第2期，第64~67页。

④ 刘桂菊：《信息网络时代大学生信息素养现状与培养策略》，《教育现代化》，2019年第62期，第206~208页。

的前提和基础。信息化的本质是资源的共享和共用，信息化的核心是资源的推广与应用，加快东中西部地区及城乡信息化的推广与应用是实现信息化社会建设及帮助不同地区间大学生信息素养提升的必要条件。① 我国要不断加快信息基础的研发和建设，尤其要加大对中西部地区和农村地区信息基础设施建设的投入，在国家的不断进步与发展过程中，进一步缩小中西部地区与东部地区以及城市与农村信息基础设施建设的差距，从而有效缩小东部与中西部地区大学生、来自城市与农村大学生之间信息素养水平的差距。

---

① 张淼：《民族地区大学生媒介与信息素养评价指标体系框架初探》，《图书馆学刊》，2019年第5期，第10~15页。

第二编
高校思想政治教育课程实效反思论要

高校开设的青年学生思想政治教育课程是青年学生思想政治教育的主渠道。加强对青年学生思想政治教育课程教学实效性的研究是推动思想政治教育水平提升的重要抓手。本章以"中国特色社会主义理论与实践研究""中国近现代史纲要""毛泽东思想和中国特色社会主义理论体系概论""思想道德修养与法律基础""马克思主义基本原理概论"五门思想政治理论教育课程教学实效性研究总结为切入点，对青年学生思想政治教育课程教学的实效性研究进行总结。

第一篇主要总结了学界对"中国特色社会主义理论与实践研究"课程教学实效性之研究。自"10方案"实施以来，学界在"中国特色社会主义理论与实践研究"课程教学实效性问题的研究上，结合教学实践进行了许多有益的探索，为推进研究生思想政治理论教育课教学改革奠定了良好的基础。通过分析既有之研究成果，不难发现仍存在不足之处。

第二篇主要总结了学界对"中国近现代史纲要"课程教学实效性之研究。自高校思政课"05"课改方案实施以来，"中国近现代史纲要"开设至今已有15年。15年当中，学界对"中国近现代史纲要"课程教学实效性的探索与研究已经取得了较大进展，但也存在一定的偏向性。

第三篇、第四篇、第五篇分别总结了学界对"毛泽东思想和中国特色社会主义理论体系概论""思想道德修养与法律基础""马克思主义基本原理概论"课程教学实效性之讨论。在上述三门课程的教学实践中，学界也对其教学实效性进行了较为深入的分析与探讨，主要是围绕"教学模式"、"教学方法"以及"教学内容拓展"等三个方面展开，既取得了一定的成绩，亦存在可提升之空间。

"中国特色社会主义理论与实践研究"课程教学实效性研究的回顾与反思[①]

2010年8月，中共中央宣传部、教育部发布了《关于高等学校研究生思想政治理论课课程设置调整的意见》（简称"10方案"），对高校思想政治理论课实施全面改革。"中国特色社会主义理论与实践研究"是"10方案"实施后，面向硕士研究生增设的一门必修课。探索和推进"中国特色社会主义理论与实践研究"课程教学实效性研究，可以加强硕士研究生思想政治理论教育课建设，推动研究生教育改革。自"10方案"实施以来，学界对于"中国特色社会主义理论与实践研究"课程教学实效性的研究取得了较大进展，但也存在一定的不足。本文主要对"中国特色社会主义理论与实践研究"课程教学实效性研究成果进行回顾和反思，为进一步提升"中国特色社会主义理论与实践研究"教学实效性提供参考和借鉴。

一、从教学模式角度研究"中国特色社会主义理论与实践研究"的教学实效性

教学模式是影响课堂教学效果的关键因素。对"中国特色社会主

[①] 该文原刊于《南昌师范学院学报》2019年第2期。

义理论与实践研究"课程的教学模式进行改革是研究生教育改革的必然要求。教师采用何种教学模式是学术界关于增强"中国特色社会主义理论与实践研究"课程教学实效性问题思考的重要方面，其中教学模式的采用依据、构建过程、实施要求和条件等是学界关注的焦点。

(一) 教学模式的采用依据

教学模式是教师在一定教学理念指导下，通过精心设计教学活动的环节，采用灵活的方式进行教育活动的过程。有效运用教学模式是提高教学实效性的关键，而在课堂上采取不同的教学模式是需要有科学依据的。

李齐全指出，在"中国特色社会主义理论与实践研究"课中开展问题研究式教学，不仅符合本课程"分专题研究"的教学要求和达到培养学生问题意识的目的，而且可以通过探讨问题深化研究生对理论的认识，提升其运用理论解决实践问题的能力。[①]

智广元认为"中国特色社会主义理论与实践研究"课要进行教学模式改革，要转变"理论优位"的教学理念，采用"问题+专题+实践"的教学模式，因为实践不仅是研究生教育培养的重要途径，能提高研究生的综合素质，而且实践是检验真理的唯一标准。[②]

李淑文指出，在"中国特色社会主义理论与实践研究"课程教学过程中采用"菜单式"专题教学模式，可以展示教学内容的统一性和多样性，激发学生的学习潜力和兴趣，增强学习效果，从而有效提高

---

① 李齐全：《问题研究式教学在"中国特色社会主义理论与实践研究"课中的运用》，《思想理论教育导刊》，2012年第9期，第17~19页。

② 智广元：《"实践优位"的研究生思想政治理论课教学模式探讨》，《经济与社会发展》，2012年第7期，第160~163页。

教学质量。①

涂玉娥通过对比"中国特色社会主义理论与实践研究"课程教学的新旧模式指出，通过采用"教、学、考、研、行"五位一体的新模式，不仅能够提高学生的综合素质，而且可以帮助学生树立正确的"三观"，并激发其学习的主动性。②

王彬、尹璐认为，翻转课堂是信息时代提高学习效率的一种途径，为了满足现代信息技术的发展要求和国家对人才的需求，以及完成思政课培养人才的使命，"中国特色社会主义理论与实践研究"课程需要不断进行改革，采用新的教学模式。③

（二）教学模式的构建过程

构建研究生思政课教学模式，不仅需要科学的理念指导，还要发挥教学主体的积极性，精心设计教学环节，认真选取教学内容，运用恰当的教学方法，师生共同合作完成教学活动。

万宗凤、裴蕾认为，开放式教学是一种内容、过程、空间和思维开放的教学模式，教师教学中要以"三进"为原则，结合社会热点及时更新内容，并针对社会问题来创新实践教学，同时以专题教学和新考核方式来激发学生学习的积极性。④

彭隆辉、王员认为，改进教学模式需要教师以"三进三化"理念为指导，实施情景式、亲情式和案例式教学新方法，以专题的形式共

---

① 李淑文：《研究生思政课"菜单式"专题教学模式创新研究》，《学理论》，2017年第1期，第207~208页。

② 涂玉娥：《高校研究生思想政治理论课教学新模式的构建》，苏州大学2017年度硕士学位论文，第47~60页。

③ 王彬、尹璐：《研究生思想政治课翻转课堂教学改革探讨》，《学位与研究生教育》，2018年第5期，第24~28页。

④ 万宗凤、裴蕾：《"中国特色社会主义理论与实践研究"课开放式教学探索》，《北京教育（德育）》，2013年第6期，第37~39页。

同教授一门课，同时建立"平时考察+期末论文+课程答辩"三位一体的考核机制。①

周莲芳探索实践了"菜单式专题讲座"的教学模式，认为教师要结合社会热点精心设计不同主题的专题菜单，并以必修和选修形式激发学生的兴趣，同时以课堂心得代替期末考试来提高教学的灵活性和实效性。②

韦汉吉认为在实施"翻转课堂"教学模式时，教师要以学生为本设计教学环节，从问题入手组织学生以小组形式学习，在充分利用教学资源的同时形成有效的评价机制，从而提高教学的实效性。③

（三）教学模式的实施条件和要求

教学模式在课堂教学中的运用需要教师、学生和高校三方通力合作。在教学过程中，只有将教师的主导作用与学生的主体作用有机结合并辅以高校的科学管理，才能做到教与学的相辅相成，使课堂效果达到最佳。

夏琼认为，教师在"中国特色社会主义理论与实践研究"课程的研究性教学中除了要拥有广博的专业知识外，还必须具备较强的科研能力以指导学生研究问题，并能正确处理教学和研究之间的关系。此外，课堂考核还要与学生实际相结合，突破传统模式，提高考核与教

---

① 彭隆辉、王员：《研究生思想政治理论课教学模式改革的探索与实践——以"中国特色社会主义理论与实践研究"课程为例》，《江西师范大学学报（哲学社会科学版）》，2014年第1期，第44~47页。

② 周莲芳：《探索实践"菜单式专题讲座型"的研究生思政课教学模式》，《思想政治教育研究》，2015年第1期，第63~65页。

③ 韦汉吉：《以研究方法论为导向的研究生思政课"翻转课堂"教学模式》，《广西教育学院学报》，2016年第3期，第143~146页。

学目标的适配度。①

罗玉萍认为，在"中国特色社会主义理论与实践研究"课程教学模式的改革中，教师要发挥主导作用，引导学生思考社会问题，克服浮躁心态，坚定理想信念，此外，还要不断更新教学内容，及时抛弃"灌输式"教学理念，采用多种教学方式以激发学生的积极性，提高教学实效。②

杨孝青、鲁丽娟、刘仲林认为，自媒体时代转变"中国特色社会主义理论与实践研究"课程教学模式需要多方面的配合，教师要转变角色，做自主学习的设计者、引导者和评价者；学校要适应时代发展，打造网络精品课程，构建多种网络学习平台。③

汤志华认为，在开展"中国特色社会主义理论与实践研究"课程研究性教学时，教师不仅要发挥教育者的主导作用，也要合理处理"毛泽东思想和中国特色社会主义理论体系概论"课教学内容与本课程的衔接问题，并以专题形式启发学生思维，同时学校要构建科学的教师考核和评价机制。④

二、从教学方法角度研究"中国特色社会主义理论与实践研究"课程教学的实效性

教学方法的创新在"中国特色社会主义理论与实践研究"课程教

---

① 夏琼：《硕士研究生思想政治理论课研究型教学探析》，《研究生教育研究》，2013年第6期，第52~55页。

② 罗玉萍：《研究生思想政治理论课教学模式探索——以"中国特色社会主义理论与实践研究"为例》，《思想教育研究》，2014年第3期，第56~59页。

③ 杨孝青、鲁丽娟、刘仲林：《自媒体时代研究生思政课自主学习模式研究》，《研究生教育研究》，2014年第4期，第48~51页。

④ 汤志华：《〈中国特色社会主义理论与实践研究〉课程研究性教学改革的思考》，《思想教育研究》，2016年第6期，第60~63页。

学过程中发挥着重要作用。教师采取哪种教学方法来提高课程的吸引力和实效性，是学界推动"中国特色社会主义理论与实践研究"课程教学改革关注的重要课题。

(一) 教学方式、方法改革

在"中国特色社会主义理论与实践研究"课程的教学改革和探索中，教学方式、方法的改革是其重要方面，学界普遍认可不断推进教学方式、方法改革的重要性。

金鸣娟指出，在"中国特色社会主义理论与实践研究"课程教学中运用多媒体教学手段，可以有效增加课堂的趣味性和感染力。[1]

周琴以教学要求的"三贴近"原则为切入点，指出在"中国特色社会主义理论与实践研究"课程教学改革中，教师要改变教学理念，坚持以学生为本的原则来调整教学方式，积极采用情景教学法、问题教学法和自主学习法等方式进行教学。[2]

王永友认为，在"中国特色社会主义理论与实践研究"等研究生思政课教学中，教师要用科学思维方法，改变以往的教学方式，培养学生的科学思维，进而帮助学生提高分析问题、解决问题的能力。[3]

赵丽华、郭晓东认为理论联系实际是"中国特色社会主义理论与实践研究"课程教学的根本指导思想，随着中国特色社会主义实践不断发展，课堂教学要与时俱进，教学方式也要不断更新，可灵活采用

---

[1] 金鸣娟:《理工院校研究生思政课教学的调查与思考》,《中国高等教育》,2011年第23期,第40~42页。
[2] 周琴:《坚持以"三贴近"原则,推进"中国特色社会主义理论与实践研究"课程的教学改革》,《江西师范大学学报（哲学社会科学版）》,2012年第3期,第122~124页。
[3] 王永友:《贯穿科学思维方法的研究生思政课教学》,《思想理论教育导刊》,2013年第9期,第83~85页。

讨论法、案例法、讲授法和实践法。①

沈成飞、郭文亮通过对比分析授课前后学生问卷，指出学生对"中国特色社会主义理论与实践研究"课是感兴趣的，学生希望教师转变教学方式、方法，并赞同组团式教学方式。②

（二）专题型教学方法

"10方案"和教育部发布的《关于进一步加强和改进高等学校思想政治课的意见》明确指出，在课堂教学中要认真探索专题讲授等教学方法。学界据此进行了探究。

李楠、焦奎认为，在提升教学实效性原则的指导下，教师创造性地采用专题讲座的教学形式，以专题讲座、热点评说和课堂讲授等方式讲述教学内容，可以有效加强师生互动和交流。③

高宁、李杰伟认为，在"中国特色社会主义理论与实践研究"课程教学中开展专题教学必须重视问题意识，教师要精心设计"研究型问题"以锻炼学生分析问题和解决问题的能力，以此启发学生的理论思考，并培养学生历史性、整体性和具体性分析问题的能力。④

唐检云、龚婷认为专题讲座是一种提高"中国特色社会主义理论与实践研究"等研究生思政课程教学实效性的方式，教师以一定的标准把内容分为多个专题，并要求内容简洁明了，同时理论性和说服性要强，此外，一定要结合时代发展和学生生活，发挥教师特长，进行

---

① 赵丽华、郭晓东：《研究生"中国特色社会主义理论与实践研究"课教学遵循的根本方法》，《山西高等学校社会科学学报》，2015年第12期，第39~41页。

② 沈成飞、郭文亮：《"中国特色社会主义理论与实践研究"教学改革与效果探讨——基于授课前后学生调查问卷的对比分析》，《教学与研究》，2016年第12期，第92~96页。

③ 李楠、焦奎：《"中国特色社会主义理论与实践研究"课程建设的实践探索》，《学校党建与思想教育》，2012年第34期，第14~16页。

④ 高宁、李杰伟：《"中国特色社会主义理论与实践研究"专题教学中的问题意识论析》，《思想教育研究》，2013年第12期，第51~54页。

专题讲授。①

孙代尧、李健通过总结北京大学多年的教学实践经验，指出在"中国特色社会主义理论与实践研究"课程教学实践中采用专题的形式讲授内容，以三大板块和八大专题的方式让教师分工合作共同讲授一门课，可以大大提高教学效率。②

朱院利认为，虽然专题式教学被广泛应用于"中国特色社会主义理论与实践研究"课程教学中，但在长期的实践中却存在教师把握不好专题内容的深度与系统性、学生重视程度低和对热点问题不关注等问题，故在专题教学中要营造良好的氛围、组建专业的教学团队等来激发学生的积极性。③

（三）其他教学方法

在"中国特色社会主义理论与实践研究"课程教学方法的学理探讨中，除了教学方式改革、专题型教学方法外，学界还广泛探讨了包括"研讨式教学法""系统集成教学法""案例教学法""实践教学法""学理型教学法"等其他教学方法。

杨泽章、李道志认为，在"中国特色社会主义理论与实践研究"课程教学中实施研讨式教学是符合教学目标要求、适合教学方法改革的，教师必须精心设计内容，引导学生进行课上讨论，并进行学术研讨。④

---

① 唐检云、龚婷：《以专题讲座增强研究生政治理论课实效性》，《中国高等教育》，2014年第19期，第42~44页。

② 孙代尧、李健：《"中国特色社会主义理论与实践研究"课的教学理念、思路和方法》，《思想理论教育导刊》，2016年第2期，第113~115页。

③ 朱院利：《"专题式教学"在硕士研究生思想政治理论课教学中的问题及对策研究》，《社科纵横》，2018年第5期，第138~140页。

④ 杨泽章、李道志：《研讨式教学在"中国特色社会主义理论与实践研究"课程中的运用》，《当代教育理论与实践》，2014年第1期，第107~109页。

陈树文、唐子茜认为，"中国特色社会主义理论与实践研究"课程教学可以采用"系统集成教学法"，即教师根据教学目标和课程内容，在遵循学生成长规律的同时，将分离的各种教学方法和手段集成到相互联系的系统中，进而通过优化排序发挥集成优势，以此达到最好的教学效果。①

杨慧民认为案例教学法作为在"中国特色社会主义理论与实践研究"课程教学中实施的方法之一，要求教师在教学中树立运用案例的理念，通过分析案例来激发课堂气氛，提高学生分析问题的能力，并运用学生案例激发学生学习的主动性，从而提高教学的实效性。②

卞韬、金鸣娟等通过分析农林院校研究生思政课问卷，指出实践教学是重要的教学理念和教学方法，在"中国特色社会主义理论与实践研究"课程教学中，不仅要发挥实践的特殊功能，突出学科专业优势，而且要结合基层实践重点建设生态文明实践基地。③

钱智勇、李蔚然结合自身教学实践，认为在"中国特色社会主义理论与实践研究"课程教学中探索创新学理型教学方法，通过分析中国特色社会主义的学理性，体现理论体系的科学性，并用理论解答中国社会的热点问题，可以有效促使学生进行学理思考，并帮助他们树立正确的"三观"。④

---

① 陈树文、唐子茜：《研究型课堂"系统集成教学法"探析——以"中国特色社会主义理论与实践研究"课程为例》，《长春理工大学学报（社会科学版）》，2014年第11期，第168~170页。

② 杨慧民：《关于"中国特色社会主义理论与实践研究"课开展案例教学的几点思考》，《思想理论教育导刊》，2014年第3期，第56~59页。

③ 卞韬、金鸣娟、孙信丽、杨晶：《农林院校研究生思政课实践教学的调查与思考》，《学位与研究生教育》，2016年第8期，第52~56页。

④ 钱智勇、李蔚然：《研究生思想政治理论课课程改革实践经验探析》，《思想理论教育导刊》，2016年第2期，第119~121页。

三、从教学内容的角度研究"中国特色社会主义理论与实践研究"教学的实效性

合理有效地设计和安排教学内容是整个教学过程的关键，注重教学内容的改革和更新是增强教学实效性的重要因素。目前为止，学界主要围绕坚持与时俱进的思想指导、注意教学内容的层次性和突出价值导向等三个方面进行了探讨。

（一）坚持与时俱进的思想指导

思想政治理论课是对研究生进行系统性马克思主义理论教育的公共课，而与时俱进是马克思主义的理论品质，"中国特色社会主义理论与实践研究"课程教学需要坚持在与时俱进思想的指导下进行教学内容的改革。

顾钰民认为，在"中国特色社会主义理论与实践研究"课程教学实践中，教师设计教学内容时既要注意对理论问题的探讨，又要涉及实践中的重大问题，更要突出中国化马克思主义最新理论成果的指导地位。[①]

黎学军认为，"中国特色社会主义理论与实践研究"课程具有强烈的时代性特征，教师在教学中要坚持与时俱进的原则，及时跟随党的理论发展进程和政策方针来更新教学内容。[②]

王越芬、季宇认为，"中国特色社会主义理论与实践研究"课程需要不断创新教学话语体系和内容，实现教材体系向教学体系转变，在

---

① 顾钰民：《〈中国特色社会主义理论与实践研究〉教学实践的几点认识》，《思想理论教育导刊》，2012年第9期，第12~16页。
② 黎学军：《〈中国特色社会主义理论与实践研究〉教学的与时俱进》，《乐山师范学院学报》，2013年第3期，第1~4页。

教学内容上要以马克思主义基本原理和马克思主义中国化时代化为核心，同时以社会热点、难点问题为导向来聚焦现实问题，并结合学生的专业特色以提高教学实效。①

朱家梅认为，"中国特色社会主义理论与实践研究"等研究生思政课担负着为国家培养高质量人才的重要任务，教师在课堂中应该给学生讲清楚中国特色社会主义最新理论成果的形成过程、发展逻辑、实践基础和当代价值。②

秦正为、李洪霞认为，党的十九大召开后"中国特色社会主义理论与实践研究"课程教学开启了新时代，教学创新成为课程改革的必然趋势，教师要创新运用教材资源，并在解读教材的基础上合理利用关于党的十九大精神的集成化资源，使教学内容与时俱进，切实提高教学效果。③

（二）注意教学内容的层次性

教育部发布的研究生思想政治理论课指导原则指出，本科生、硕士生和博士生的思想政治理论课以中国化马克思主义理论成果为核心内容，它们相互衔接，但也有层次区分。

武晓峰认为，"中国特色社会主义理论与实践研究"课程教学内容设计应注意准确的层次定位，要坚持与时俱进的品质，突出教学内容的时代性，把理论讲解和现实生活联系起来，突出实践性。④

---

① 王越芬、季宇：《研究生思想政治理论课教学话语体系构建路径》，《黑龙江高教研究》，2016年第7期，第80~82页。

② 朱家梅：《研究生思政课怎么上》，《人民论坛》，2017年第9期，第119页。

③ 秦正为、李洪霞：《新时代硕士生思政课〈中国特色社会主义理论与实践研究〉教学创新研究》，《山西高等学校社会科学学报》，2018年第4期，第50~55页。

④ 武晓峰：《研究生思想政治理论课教学应做到"四个突出"》，《高校理论战线》，2010年第5期，第33~34页。

邵彦敏指出,"中国特色社会主义理论与实践研究"作为一门新课程,应坚持层次性原则,注重衔接本硕博课程内容来体现时代性的特点,在适应研究生思维方式的同时侧重讲解"为什么"。①

牛海、杨佐平认为,"中国特色社会主义理论与实践研究"课程应该体现教学内容的层次性,教师要采用专题形式精讲理论,突出人文关怀,以缩短与学生的距离,同时要重视经典文本解读,坚持历史与逻辑相统一的思维方式,加强理论与实践的结合,进而提高教学的实效性。②

秦永芳通过分析研究生对"中国特色社会主义理论与实践研究"课程接受程度的问卷,指出教师在设计教学内容时要坚持准确的"层次"定位,既要贴近学生、贴近生活,也要充实和丰富教学内容,以深入挖掘中国特色社会主义理论的大众化价值。③

于春梅、石璐璐、王喆认为,"中国特色社会主义理论与实践研究"课程是对本科生概论课内容的进一步发展和深化,教师要把握层次性原则,使教学内容有理论深度和实践广度,并通过分析现实热点、难点问题,充分突出研究特色,提高教学的效果。④

杨晓燕、张荣华认为,"中国特色社会主义理论与实践研究"课程博大精深,涵盖多学科知识,要求教师在教学中一定要注重内容的层次性,避免与本科教学内容重复,并结合学生实际,以专题形式进行

---

① 邵彦敏:《关于硕士研究生思想政治理论课〈中国特色社会主义理论与实践研究〉新课程设置的思考》,《高教研究与实践》,2011年第2期,第32~36页。
② 牛海、杨佐平:《浅论〈中国特色社会主义理论与实践研究〉课的教学层次性问题》,《上海理工大学学报(社会科学版)》,2013年第1期,第76~80页。
③ 秦永芳:《增强〈中国特色社会主义理论与实践研究〉课可接受性的若干思考》,《思想理论教育导刊》,2013年第10期,第67~70页。
④ 于春梅、石璐璐、王喆:《硕士研究生思想政治理论课教学改革的几点思考——以〈中国特色社会主义理论与实践研究〉为例》,《黑龙江高教研究》,2013年第10期,第128~131页。

讲授，提高教学质量。①

(三) 突出价值导向

包括"中国特色社会主义理论与实践研究"在内的研究生思政课程不仅肩负着培养学生思想道德素养的责任，也承担着培育和弘扬社会主义核心价值观、坚定"四个自信"的重要任务。

林春生认为，社会主义核心价值体系教育是"中国特色社会主义理论与实践研究"课程教学的重要导向，教师需要不断地把社会主义核心价值体系融入教学中，潜移默化地培养学生的社会主义核心价值观，提高其用社会主义核心价值观分析问题的能力。②

张艳国、康凤云指出，理想信念教育是"中国特色社会主义理论与实践研究"课程教学中需要重点关注的内容，教师在课堂讲授过程中不仅要立足于马克思主义理论，还要立足于中国特色社会主义实践，加强理想信念教育。③

智广元结合自身教学经验，认为"中国特色社会主义理论与实践研究"课程教学需要结合研究生学科专业和学校特色，教师需要把中华优秀传统文化融入马克思主义大众化中，把西方科学文化融入马克思主义时代化和社会主义建设实践中，以提高教学的实效。④

张洪雷、张宗明结合中医院校"中国特色社会主义理论与实践研

---

① 杨晓燕、张荣华:《对〈中国特色社会主义理论与实践研究〉课程建设的思考》，《教育探索》，2014年第8期，第17~18页。
② 林春生:《把社会主义核心价值体系融入研究生的思想政治教育》，《山西高等学校社会科学学报》，2010年第12期，第82~84页。
③ 张艳国、康凤云:《"顶天立地":理想信念教育的根本要求——〈中国特色社会主义理论与实践研究〉教学体会》，《学校党建与思想教育》，2012年第34期，第65~66页。
④ 智广元:《文化滋养:中医院校研究生思想政治理论课教学理念探讨》，《黑龙江教育（高教研究与评估）》，2012年第8期，第63~65页。

究"课程教学的实际,指出教师要通过梳理中医药文化建设历程、解读中医药文化核心价值观、展示中医药文化软实力和分析中医药文化体制改革问题等来有效提高学生的学习兴趣。①

四、从提升路径的角度研究"中国特色社会主义理论与实践研究"课程教学的实效性

"中国特色社会主义理论和实践研究"课程教学实效性的提升路径是学界重点关注的领域。目前学界主要围绕提高教师素养、改革教学内容、创新教学方法和健全高校管理机制等四个方面对其进行探讨。

(一)提高教师素养

教师在思想政治教育课中发挥着重要的主体作用,是教学的主导者。毋庸置疑,教师的能力和素养影响着教学效果,提高教师素养是增强教学实效性的重要途径。

冯国涛、刘晓虎认为,提高教学实效性需要教师用自己的魅力感染学生,通过有趣的教学内容、多样的教学方式和风趣的语言与学生交流,从而形成良好的课堂氛围。②

卫志民指出,提高教师素养是增强教学实效性的重要方式,教师不仅要有扎实的专业知识和人文社科知识来提升教学艺术,吸引学生

---

① 张洪雷、张宗明:《结合中医院校研究生专业的思想政治理论课教学研究——以讲授〈中国特色社会主义理论与实践研究〉第四讲为例》,《中国中医药现代远程教育》,2013年第22期,第91~93页。

② 冯国涛、刘晓虎:《提高研究生思想政治理论课教学实效性的策略研究》,《学术探索》,2012年第11期,第173~175页。

的注意力,而且要把握好科研和教学的关系,提升自身的教学水平。①

于春梅、庞晶、吴丹认为,在"中国特色社会主义理论与实践研究"课程教学改革中,可以通过树立优秀的教师风范、增强教师的政治素养和教学能力、加强师生交流等方式来提高教学的实效性。②

赵美玲、滕翠华指出,加强教师队伍建设是提升"中国特色社会主义理论与实践研究"等研究生思想政治教育课教学实效性的重要保证。③

(二) 改革教学内容

教学内容是课堂教学的核心,教学内容的改革和与时俱进是提高教学实效性的关键。学界普遍认为,在"中国特色社会主义理论与实践研究"课程教学中要避免出现教学内容的重复,以及与现实脱离、滞后或者无趣等问题。

吕冬英指出,当前"中国特色社会主义理论与实践研究"课程教学中或多或少存在教学内容与现实生活结合不紧的问题,故教师设计教学内容时应恰当地结合社会热点、难点问题和研究生的思想实际,激发其学习积极性。④

闫秀敏认为,要想提高"中国特色社会主义理论与实践研究"课程的教学实效,教师在设计内容时不仅要深化理论认识,突出重点、

---

① 卫志民:《制约与突破:高校思想政治理论课教学实效性分析》,《思想理论教育导刊》,2012年第7期,第76~78页。

② 于春梅、庞晶、吴丹:《增强研究生思想政治理论课实效性的思考——以"中国特色社会主义理论与实践研究"课为例》,《齐齐哈尔大学学报(哲学社会科学版)》,2015年第8期,第186~188页。

③ 赵美玲、滕翠华:《我国高校研究生思想政治理论课程改革与建设探析》,《思想政治教育研究》,2016年第2期,第61~65页。

④ 吕冬英:《高校研究生思想政治理论课教学存在的问题及对策研究》,华中师范大学2014年度硕士学位论文,第22~23页。

难点，还要结合社会现实和热点问题，精心安排教学内容。①

吴宝晶、刘晓静针对"中国特色社会主义理论与实践研究"课程中存在的学生缺乏积极性等问题，指出教师在教学时应该结合社会热点、研究生生活实际和专业特色，让学生参与课堂，增强师生互动，增强学生的主动性。②

（三）创新教学方法

学界普遍认为，在"中国特色社会主义理论与实践研究"课程教学过程中，创新教学方法、丰富教学手段能够极大地增强教学的实效性。

赵艳波、王淳认为，加强"中国特色社会主义理论与实践研究"课程教学的实效性，除了要增强教师素养外，还要在课堂中采用情景式、互动式等教学方式，提高教学内容的吸引力和说服力。③

谭向阳、阎占定指出，创新"中国特色社会主义理论与实践研究"课程教学方式是提高学生学习兴趣和积极性的一个重要途径，要利用专题式、研讨式、案例式等教学方法和多媒体技术，以及网络平台，丰富课堂教学。④

纪亚光、刘芳认为，教学方式的改革创新是提高"中国特色社会主义理论与实践研究"课程教学实效性的关键，教师要采用研究性教学方式，培养学生的问题意识，围绕社会现实问题开展专题教学，在

---

① 闫秀敏：《提高研究生思想政治理论课教学实效性的策略思考》，《河南科技学院学报》，2014年第4期，第86~88页。

② 吴宝晶、刘晓静：《"中国特色社会主义理论与实践研究"课教学存在的问题与对策》，《思想理论教育导刊》，2016年第3期，第131~133页。

③ 赵艳波、王淳：《我国研究生思想政治理论课发展历程及启示》，《学位与研究生教育》，2013年第2期，第62~67页。

④ 谭向阳、阎占定：《高校研究生思想政治理论课学习现状调查——以湖北省武汉市高校为例》，《学校党建与思想教育》，2016年5期，第42~45页。

课堂中开展交流并解答学生问题，同时加强实践教学的力度，改善教学效果。①

靳诺出于提升教学质量之目的，提倡教师在"中国特色社会主义理论与实践研究"课程教学过程中根据研究生的特点和实际，采用多样化的教学方法，并利用课堂讲授技巧来吸引学生的注意力。②

（四）健全高校管理机制

高校在研究生思想政治教育课程改革和实践中发挥着重要作用。健全高校管理体制是提升"中国特色社会主义理论与实践研究"课程教学实效性的重要保障。

任志祥认为，要提升"中国特色社会主义理论与实践研究"等研究生思想政治教育课程的实效性，高校就必须完善教育设施，制定研究生教育思想学习汇报制度，完善导师管理措施，同时还要改革师生评估机制，突破传统以课程答辩代替期末考试的模式等，提升教学的实效性。③

高军、侯全生认为，为了提升"中国特色社会主义理论与实践研究"等研究生思想政治理论课程的教学实效性，高校需要建立统一的管理机构，协调各部门之间的责任，同时要加大对思政课教学的投入力度，规范地管理思政课教学。④

李涛、于亚光出于突破教学实效性瓶颈问题之考虑，提醒高校应

---

① 纪亚光、刘芳：《增强研究生思想政治理论课教学针对性与实效性的思考》，《思想理论教育导刊》，2016年第2期，第116~118页。

② 靳诺：《深入贯彻落实全国高校思想政治工作会议精神 进一步提升研究生思想政治理论课教学质量》，《思想理论教育导刊》，2017年第9期，第9~12页。

③ 任志祥：《对研究生思想政治教育现状的思考——以长沙理工大学为例》，《改革与开放》，2011年第8期，第50页。

④ 高军、侯全生：《提高思想政治理论课实践教学实效性的对策探讨》，《思想理论教育导刊》，2011年第10期，第64~66页。

转变管理观念,切实助力"中国特色社会主义理论与实践研究"等研究生思想政治理论课程教学效果之提高。①

刘经纬、李军刚指出,高校应加强对研究生思政课程的教育管理,并成立相关研讨会,搭建学术交流平台,同时建立教师集体备课制、说课制和听课制,为"中国特色社会主义理论与实践研究"课堂教学提供保障。②

五、既有研究成果的不足与反思

综上所述,自"10方案"实施以来,学界在"中国特色社会主义理论与实践研究"课程教学实效性问题的研究上,结合教学实践进行了许多有益的探索,为推进研究生思想政治理论教育课教学改革奠定了良好的基础。但是,通过分析既有之研究成果,不难发现其仍存在不足之处,包括既有研究成果数量较少、质量尚待提高,研究方法不够多元,研究视野有待拓展,以及研究体系尚未形成等。

首先,研究成果数量较少、整体质量尚待提高。通过在知网上以"中国特色社会主义理论与实践研究"为主题进行检索,截至2018年底,有260多篇论文,进一步筛选后,发现仅有60篇左右与本课题紧密相关。由此可见,关于"中国特色社会主义理论与实践研究"课程教学实效性问题的研究虽然取得了一定成果,但总体数量上还是较少。另外,笔者还发现,大多数成果主要是一线教师在教学中结合自身的教学实践,或对教学模式或对教学方法或对教学内容等汇总思考和总结经验后提出的初步认识,从学理角度探讨并研究"中国特色社会主

---

① 李涛、于亚光:《研究生思想政治教育瓶颈及对策探究》,《学校党建与思想教育》,2014年第12期,第51~52页。

② 刘经纬、李军刚:《高校研究生思想政治理论课教学问题及对策——以黑龙江省高校为例》,《黑龙江高教研究》,2015年第1期,第158~161页。

义理论与实践研究"课程教学实效性问题之专论尚不多见。此外,很多学者尽管表述不同,但观点趋同,有重复性研究之倾向。

其次,研究方法不够多元。从已有的研究成果看,学界关于"中国特色社会主义理论与实践研究"课程教学实效性问题之研究总的来说过于理论化,紧密结合实践的案例研究偏少。而理论研究的最终目的是指导社会实践,实证研究也是重要的研究方法之一。[①] 再者,比较研究法也是非常重要的,而既有研究成果中只有较少学者进行了比较研究。此外,教育部发布的"中国特色社会主义理论与实践研究"课程教学指导思想明确要求各高校结合学校实际和学生思想实际进行教学,以切实提高教学的实效性,因而关于"中国特色社会主义理论与实践研究"课程教学实效性的研究应该在结合学校和学生实际的基础上,广泛借鉴教育学、心理学、传播学和社会学等学科方法,并把它们融会贯通,综合运用到"中国特色社会主义理论与实践研究"课程教学实效性提升的研究当中。

再次,研究视野有待拓展。只有通过多学科的研究,才能有效拓展研究视野,进行创新性研究。[②] 教学实效性的影响因素有很多,包括教师因素、学生因素、教学内容、教学方法、教学模式、教学艺术、人文环境和高校管理等。目前学界关于"中国特色社会主义理论与实践研究"课程教学实效性问题的研究视野稍显狭窄,主要集中在教师、教学内容、教学方法和高校等方面,而教学艺术、学生因素和人文环境等涉及不多。此外,"中国特色社会主义理论与实践研究"课程是一门百科全书式的课程,涉及教育学、心理学和社会学等多个学科,研究者也可以从交叉学科的视野探讨教学实效性的内涵、影响因素等

---

① 谢忠强、袁随芳:《习近平读书观研究:价值、现状与路径》,《攀登》,2019年第1期,第29~33页。

② 谢忠强、邢锐锐:《20世纪90年代以来毛泽东读书观研究的回顾与反思》,《图书馆》,2018年第6期,第49~54页。

问题。

最后,研究体系尚未形成。从已有的相关研究成果来看,学界对于"中国特色社会主义理论与实践研究"课程教学实效性问题的研究还没有形成系统性。目前的研究主要涉及"中国特色社会主义理论与实践研究"课程的教学理念、教学模式、教学内容和教学方法以及提升教学实效性的对策等方面,但对"中国特色社会主义理论与实践研究"课程的教学目标、教学规律、教学思路、学生思想实际以及具体教学内容和高校管理战略等方面的研究较少涉及。综上,学界的既有研究还是比较分散,没有形成科学而整体的研究体系。

"中国近现代史纲要"课程教学实效性研究综述[①]

自高校思政课《中宣部 教育部关于进一步加强和改进高等学校思想政治理论课的意见》(简称"05"课改方案)实施以来,"中国近现代史纲要"课程开设至今已有11年。11年当中,学界对于"中国近现代史纲要"课程教学实效性的探索与研究已经取得了较大进展,但也存在一定的偏向性。本文主要对11年来学界对"中国近现代史纲要"课程实效性的研究进行大致的汇总和梳理,总结成绩、查找不足,以期对今后"中国近现代史纲要"课程教学实效性的提高有所助益。

一、主要成果及观点概述

教学实效性是表征教学活动过程中,通过教学主体的一系列传播活动,教学客体对教学内容接受程度的概念。从理论的角度分析,影响教学实效性的因素涉及范围较广。但从近15年来学界对"中国近现代史纲要"课程教学实效性的探索成果来看,主要是围绕教学内容的处理与拓展、教学方法的创新以及多媒体教学手段的运用等几个方面

---

① 该文原刊于《山西高等学校社会科学学报》2016年第1期。

展开。下面主要选择较具代表性的观点做大致梳理和介绍。

（一）教学内容的处理与拓展

在实际教学活动中，教师如何通过各种方法将教材体系转化为易于为学生接受的教学体系，是学界探索如何提高"中国近现代史纲要"课程实效性时应重点思考的问题。借助影视、诗词、地方文化等一系列已广为大学生所了解且喜闻乐见的资源来实现对教学内容的处理与拓展，已经成为学界之共识。

1. 借助红色题材的影视资源提升教学实效性

徐永军、付秀荣认为，红色经典影片在育人方面具有自身的特点和优势，可以适当利用红色题材的影视资源帮助大学生更好地接受和理解"中国近现代史纲要"课程中的教学内容，同时主张在实际操作过程中坚持"手段服从目的"和"观看与讨论相结合"的原则。[①]

周良武认为，"随着多媒体技术的发展，大学生接触以声像为主的电影、电视等影视媒介不断增多，为适应形势的发展，在'中国近现代史纲要'课程教学中适当使用影视作品越来越普遍"，但鉴于"影视作品的教学功效并未得到充分发挥"，所以"必须对其教学功能有一个全面的认识，并在教学中注意影视作品的选取与教材内容、特点相结合的原则，课堂与课后相结合的原则，多种媒体相结合的原则以及学生观看与教师引导相结合的原则。"[②]

2. 借助革命诗词的穿插提升教学实效性

侯峻认为，"毛泽东的诗词多角度地反映了新民主主义革命的历史"，"将其运用在'中国近现代史纲要'课程的教学中，有助于活跃

[①] 徐永军、付秀荣：《论红色经典影片在"中国近现代史纲要"教学中的应用》，《电影评介》，2007年第6期，第73页。

[②] 周良武：《试论影视作品提高"中国近现代史纲要"课教学效果的运用原则》，《教育与教学研究》，2009年第6期，第61~63页。

课堂气氛、加深学生对历史事件的理解，有利于深化学生对历史规律的认识、廓清时代背景，可以对学生进行情感和价值观的教育"，所以主张在实际教学中大胆将毛泽东诗词引入"中国近现代史纲要"课程的教学当中。①

胡俊修、匡南樵鉴于"近现代诗词是对主旋律教育内容的多维补充，是历史亲历者的在场见证，是微观历史场景的生动呈现，是社会背景和大众心态的形象表达，能丰实课堂教学内容"，认为"诗词教学法是增进'中国近现代史纲要'课教学吸引力、感染力和实效性的有益探索"。②

尹君也认为，"革命诗词是研究中国近现代历史的重要资源"，"在'中国近现代史纲要'课程的教学中适当运用革命诗词，可以帮助学生做到两个了解、深刻领会三个选择"。③

3. 将其他文化资源引入教学以提升教学实效性

刘进认为，"地域历史文化资源在育人方面具有自己独特的优势"，"'中国近现代史纲要'教学中适度融入地域历史文化资源能够增加教学的亲和力，尤其以地域历史文化资源为基础进行研究型学习，可以增强教学实效性"。④

蔡定益分析认为，"从古到今产生的浩如烟海的茶文化方面的文学作品是'中国近现代史纲要'教学可资利用的资源"，"茶史、茶文化在教学中的运用应让学生更好地理解教材，有利于教材的利用，茶叶历史与文化融入'中国近现代史纲要'教学符合大学生思想政治教育

---

① 侯峻：《毛泽东诗词在〈中国近现代史纲要〉课教学中的运用》，《毛泽东思想研究》，2008年第4期，第147~149页。

② 胡俊修、匡南樵：《诗词教学法在〈中国近现代史纲要〉课教学中的运用探析》，《思想教育研究》，2013年第2期，第65~68页。

③ 尹君：《〈中国近现代史纲要〉教学中革命诗词的运用》，《长江大学学报（社会科学版）》，2011年第1期，第142~143页。

④ 刘进：《地域历史文化在〈中国近现代史纲要〉中的价值与运用》，《思想教育研究》，2008年第10期，第73~75页。

应以爱国主义教育为重点的精神"。①

胡钢认为,"优秀的文学作品是人类文明的智慧结晶,可以清晰地折射出一个时代的风云变化","合理恰当地运用文学作品有助于提高'中国近现代史纲要'的教学质量",所以"教师可以根据'中国近现代史纲要'课程教学的特点挖掘可资引入的文学作品,将其融入'中国近现代史纲要'教学之中,构建一个高效、生动的课堂"。②

尹君认为,"红色文化资源以其特有的内涵和功能可以成为'中国近现代史纲要'实践教学的优质资源",但"将红色文化资源有效地运用于'中国近现代史纲要'课实践教学中必须遵循一定的原则,采取多种教学方法",只有如此,才能真正达到"提高教学效果、实现思想政治教育的目标"。③

4. 教学体系建构过程中的处理与拓展

(1) 教学体系的建构方面。徐奉臻指出,"MSD 教学模式是针对'中国近现代史纲要'课程体系和教学方法所做的一项探讨","在教学中还原中国近现代史研究的现代化范式是体现教学内容真实性的客观需要",因此,采用"MSD 教学模式"来处理教学内容可以"发挥不同教学手段的群集优势,实现教学过程的最优化,有助于最大化地发挥史学的传承文明、鉴古资今和启迪民智的功能"④。

陈殿林认为,"'中国近现代史纲要'课程可以采取从问题意识到问题逻辑的路径实现教材体系向教学体系的转化,而问题意识是转化

---

① 蔡定益:《茶叶历史与文化融入"中国近现代史纲要"教学刍议》,《农业考古》,2010 年第 5 期,第 15~18 页。

② 胡钢:《文学作品融入"中国近现代史纲要"教学的探索》,《名作欣赏》,2015 年第 2 期,第 142~143 页。

③ 尹君:《红色文化资源利用与"中国近现代史纲要"课程实践教学探索》,《中华文化论坛》,2011 年第 4 期,第 173~177 页。

④ 徐奉臻:《"MSD 教学模式"与"中国近现代史纲要"课程体系的构建》,《黑龙江高教研究》,2007 年第 2 期,第 135~137 页。

的基本出发点,问题导向是转化的关键环节,问题逻辑是转化的重要步骤,按照这一路径来实施教学,需要激发学生产生问题意识,把握并明确问题导向,形成并展开问题逻辑,按照这一路径实现转化,既是有效实现教学目的的需要,切合教学实际的需要,也是教材体系顺利转化的内在需要。"①

(2) 教学内容的拓展方面。徐奉臻认为,"以'中国近现代史纲要'为例探索科学发展观进思想政治理论之课堂的应然性和实然性,是马克思主义理论一级学科建设的需要,也有助于学生理解和认同中国特色社会主义理论体系","以教学内容凸显科学发展观、以教学理念体现科学发展观、以社会实践体验和感悟科学发展观、以学生社会实践成果演讲展示科学发展观、以多样化的教学方法运用科学发展观,不失为在教育教学中诠释科学发展观的重要尝试。"②

石碧球认为,"作为一门从历史的角度对大学生进行思想政治教育的课程,'中国近现代史纲要'课在大力推进中国梦主题教育活动中发挥着主渠道作用,教师在教学中必须积极进行教学改革,以整合教学内容凸显中国梦,以创新教学模式阐释中国梦,以多维教学方法凝聚中国梦,以强化实践教学追逐中国梦,努力探索将中国梦共同理想融入教学内容的新路径。"③

(二) 教学方式与方法的创新

教学方式与方法的创新是思想政治理论课提升实效性的重要途径。

---

① 陈殿林:《从问题意识到问题逻辑——"中国近现代史纲要"教材体系向教学体系转化路径研究》,《思想理论教育导刊》,2011年第7期,第73~77页。

② 徐奉臻:《"科学发展观"何以进思想政治理论课之课堂——以"中国近现代史纲要"为例》,《教学与研究》,2010年第8期,第92~94页。

③ 石碧球:《中国梦融入"中国近现代史纲要"课教学的路径探究》,《思想理论教育》,2013年第9期,第53~57页。

学界围绕"中国近现代史纲要"课程教学的方式和方法也进行了有针对性的探索和研究。

1. 教学方式方面

徐可纯认为,"'中国近现代史纲要'有着不同于其他政治理论课的课程特点,为了实现其以历史课教学发挥思想政治理论教育的功能,必须对该课程的教学模式有所创新,在教学内容上抓住一条主线,突出两个了解、三个选择的教学基本要求,在教学方式上采取专题化的授课方式,提高教学的针对性,在教学手段上多样化,增强教学的实效性。"①

张国义、邬思源认为,"中国近现代史纲要"课程"应立足于历史学科求真的特性,教师在教学中做到求真与求善的统一,力求体现生活化教育理念中真实性的特点,在教学方式上力求贴近人情、人性、人心,力求体现生活化教育理念通俗性的特点。"②

王久高认为,"教学组专题教学模式可使课堂教学风格多样,增强课堂的吸引力;教学内容融集体智慧与个人专长为一体,充实而丰富;教学管理多管齐下,协调互补,科学合理;减轻了教师教学负担,为教师科研结合创造了条件",因而主张在客观条件允许的基础上要大力开展教学组专题性教学模式。③

黄世坤从"作为实践的实践性教学、作为教学新范式的实践性教学和作为社会服务新形式的实践性教学"的理念出发,探讨了"找寻

---

① 徐可纯:《"中国近现代史纲要"课程新型教学模式的探讨》,《党史研究与教学》,2008年第1期,第89~93页。
② 张国义、邬思源:《"中国近现代史纲要"教学生活化探讨》,《历史教学(高校版)》,2008年第3期,第97~101页。
③ 王久高:《"中国近现代史纲要"教学组专题教学模式探析——以北京大学为例》,《思想理论教育导刊》,2009年第3期,第91~94页。

活着的历史的实践性教学体系"。①

陈超认为,"体验式教学模式主体性、亲历性和情感性的特征可以使学生真切地体会到历史的有用、鲜活与深刻",故而主张引入体验式教学模式以提高"中国近现代史纲要"课程教学的实效性。②

易彪认为,"研讨式教学是一种基于互动教学理论,注重发挥学生的主体精神,教师引导学生主动学习、分析和讨论,进行知识建构的教学方式","在高校'中国近现代史纲要'课中开展研讨式教学具有重要的作用",而"在'中国近现代史纲要'课的教学实践中具体运用这一方法,要求教师建立平等的师生关系,精心设计教学的各个环节,进一步改进成绩考评方式,并将研讨式教学方式与其他教学方式结合起来。"③

2. 教学方法方面

梁小延、覃萍、黄平芳认为:"在'中国近现代史纲要'课程中采用立体教学法,形成宏观与微观、中心与边缘、常规与非常规相结合的教学思维,是高校思想政治理论课教学改革的有益尝试。"④

韩玉芳通过自己的教学实践和探索,认为"实施隐性教学法,是'中国近现代史纲要'课教学的新方法,是一种特殊而且有效的教学方法"。⑤

陈曦指出:"推想教学法是以重要历史人物、重大历史事件、重要历史制度为中心展开推理和想象的教学方法,目的是解决'中国近现

---

① 黄世坤:《找寻"活着"的历史——对〈中国近现代史纲要〉课实践性教学模式的探索》,《思想理论教育导刊》,2012年第4期,第77~80页。

② 陈超:《"中国近现代史纲要"课的体验教学模式探索》,《中国劳动关系学院学报》,2012年第6期,第95~98页。

③ 易彪:《"中国近现代史纲要"课开展研讨式教学要把握好的几个问题》,《思想理论教育导刊》,2012年第10期,第50~52页。

④ 梁小延、覃萍、黄平芳:《立体教学法在"中国近现代史纲要"课程中的应用》,《高教论坛》,2009年第10期,第61~63页。

⑤ 韩玉芳:《隐性教学法:"中国近现代史纲要"教学的新方法》,《高教论坛》,2010年第3期,第95~97页。

代史纲要'教学中遇到的头绪繁多、内容丰富、教学时间不够的难题，实践证明，该教法在提高学生的学习能力和教师的科研教学能力等方面有积极意义。"①

张晓丽、张志梅认为："情感教学法可以调动学生的积极性，增强教学感染力，其教学方式多样，包括情景模拟、遗址实践、主题实践、媒体教学等。"②

杜志章指出，"PBL教学法是国际上广泛应用的医学教育的教学方法，是以学生为中心、以问题为导向的互动式和探究式教学法"，"将PBL教学法应用于高校思想政治理论课的教学"有助于提升教学实效性。③

陈静、李建宁认为，"角色扮演法是'中国近现代史纲要'教学方法改革的全新尝试"，但"在具体操作过程中，教师应仔细研究主题、解释教学目的和反复斟酌细节，并通过前期动员、中期表演、后期分析与提升三个步骤，调动学生的学习兴趣，营造轻松、愉快、和谐的教学环境，进而达到最佳的教学效果。"④

（三）多媒体等新式教学手段的使用

多媒体教学技术是教学技术现代化的产物。在实际教学过程中适当引入多媒体教学技术可以有效提升教学客体对教学内容的实际接受效率。近年来，学界也有不少在"中国近现代史纲要"课程教学过程

---

① 陈曦：《试论推想教学法在〈中国近现代史纲要〉教学中的运用》，《中国成人教育》，2010年第12期，第182~183页。

② 张晓丽、张志梅：《论情感教学法在〈中国近现代史纲要〉课程教学中的运用》，《思想理论教育导刊》，2011年第12期，第76~78页。

③ 杜志章：《论PBL教学法在思想政治理论课教学中的应用——以〈中国近现代史纲要〉课程为例》，《学校党建与思想教育》，2013年第7期，第44~46页。

④ 陈静、李建宁：《角色扮演法在〈中国近现代史纲要〉课程教学中的应用》，《教育理论与实践》，2013年第21期，62~64页。

中使用多媒体技术的思考与探索。

鉴于"影像是开展'中国近现代史纲要'课程改革，更新教学方式的有效手段，其教学价值主要体现为帮助学生摆脱对历史教科书的依赖，恢复历史应有的趣味性，丰富认识历史问题的视角，进而为建立多元性的历史解释框架提供可能性"，耿化敏主张通过多媒体技术的使用，将"历史影像纳入'中国近现代史纲要'教学当中"①。

陈宏明认为，通过多媒体技术"将历史视频引入'中国近现代史纲要'课是思政课教学改革的需要"，而在具体的操作过程中则"应将视频的放映与课堂讲授和课堂讨论结合起来，从而激发学生的学习兴趣，达到提高教学效果的目的"②。

李梁认为，"'中国近现代史纲要'的教学可借助多媒体课件，把规范的、理论性的文本语言转换成符合学生认知结构的各种媒体语言来表达"，而"通过媒体语言来激活文本语言，表达课程内容，使课程内容内化为学生认知结构中的组成部分，又须着重解决从历史语言配置向意义接受学习转换的问题"③。

覃轶珊认为，"由于纲要课教学的内容特点、目标实现及期望达成等方面具有契合性，因此多媒体技术引入纲要课的教学过程不仅必要而且可行，但在实际教学中，应努力做到多媒体技术与教学内容及传统手段的有机结合，多媒体技术的使用与师生互动、教师综合素质提高的有机结合"④。

---

① 耿化敏：《历史影像与〈中国近现代史纲要〉教学的探索》，《教学与研究》，2011年第1期，第86~90页。

② 陈宏明：《历史视频在〈中国近现代史纲要〉教学中的运用探讨》，《教育探索》，2012年第10期，第37~38页。

③ 李梁：《从历史语言配置向意义接受学习的转换——〈中国近现代史纲要〉多媒体教学设计》，《思想理论教育》，2007年第19期，第65~68页。

④ 覃轶珊：《多媒体技术在〈中国近现代史纲要〉课的优化使用》，《思想教育研究》，2007年第9期，第55~57页。

唐英、屈晨晨分析认为，"'中国近现代史纲要'教学中运用多媒体技术有利于丰富课堂信息、创设历史情境、激发历史联想，唤醒历史记忆，提高教学实效"，但"运用的过程必须坚持多样性与适用性的统一、主导性与主体性的统一、思想性与艺术性统一、历史性与时代性的统一"。①

胡利平认为："多媒体技术在'中国近现代史纲要'课中的运用已经是非常普遍的现象，要在课堂中起到良好的效果，必须明确多媒体教学手段的地位，懂得合理使用多媒体教学，同时要注意加强对年轻教师的基本功培训。"②

二、当前研究成果存在的问题和不足

自 2005 年以来，在 11 年的教学实践与反思过程中，学界在如何提升"中国近现代史纲要"课程的教学实效性方面已经取得了数量众多的研究成果，但检视目前既有的相关研究成果，我们在总结成绩的基础上更应寻找问题和不足，进一步推动其发展。

综观 11 年来学界有关"中国近现代史纲要"课程教学实效性的探索成果，其问题主要表现在以下几个方面：

首先，既有研究成果的层次和水平还有待进一步提高。11 年间，随着"中国近现代史纲要"课程的开设，担任该课程教学的教师纷纷结合自身的教学实践总结经验、发表感想，形成了为数众多的研究成果。但从其内容分析，大多数成果还仅仅停留在经验总结的层面，真正从学术层面去探讨如何切实提升"中国近现代史纲要"课程教学实

---

① 唐英、屈晨晨：《〈中国近现代史纲要〉教学中运用多媒体技术应坚持"四个统一"》，《长沙大学学报》，2010 年第 3 期，第 152~153 页。

② 胡利平：《〈中国近现代史纲要〉课程中运用多媒体技术的几个问题》，《内蒙古财经学院学报（综合版）》，2010 年第 6 期，第 58~61 页。

效性的理论文章并不多见。此外，大多数成果尽管具体行文表述各异，但观点雷同，形成了大量重复性的研究。

其次，既有研究成果的视野有待进一步的拓展。影响教学实效性的因素除了"教学内容""教学方法""教学手段"外还有很多，如受众、环境、情感、表达等。而就目前学界关于提升"中国近现代史纲要"课程教学实效性的成果而言，主要是围绕"教学内容"、"教学方法"和"教学手段"三个方面展开的，这显然是很不全面的。

最后，从既有研究成果的整体状态来看，学界对"中国近现代史纲要"课程教学实效性的研究尚未形成整体性。学术研究需要相互交流，在交流的基础上取长补短进而形成合力，才能推动研究的整体进展。然而，当前探讨"中国近现代史纲要"课程教学实效性的成果大多都是自说其话，所探讨的问题意识分布过于零散，很少见到对关于教学实效性提升某一影响因素的集中探讨。

"毛泽东思想和中国特色社会主义理论体系概论"课程教学实效性研究综述

在"毛泽东思想和中国特色社会主义理论体系概论"课程的教学实践中,学界对其教学实效性进行了较为深入的分析与探讨,主要是围绕"教学模式"、"教学方法"以及"教学内容拓展"等三个方面展开。本文主要选取较具代表性的研究成果进行分类概述。

一、关于教学模式的探讨

"毛泽东思想和中国特色社会主义理论体系概论"课程的教学模式是关乎其教学实效性的重要影响因素。从学界探讨"毛泽东思想和中国特色社会主义理论体系概论"课程教学模式的学术成果来看,主要涉及混合式教学模式、PBL教学模式、"三位一体"教学模式、"五个一"教学模式、"移动课堂"教学模式、"雅典式"教学模式、参与式教学模式、启发式教学、对话教学模式、实践性教学模式、多元互动结合教学模式等诸多方面。

马丽主张"毛泽东思想和中国特色社会主义理论体系概论"课程可采取混合式教学模式,即课堂面授与课堂实践有效结合,认为有效利用混合式教学模式下有限的课堂教学时间,合理安排课堂面授和课堂实践,把面授课堂打造成具有实效且生动活泼的第一课堂,同时结合网络第二课堂,有助于推进思想政治理论课教学实效性的提升。①

张满东主张,"毛泽东思想和中国特色社会主义理论体系概论"课程可采取PBL教学模式,运用以问题驱动为核心、以合作探索为主要途径的PBL教学法,有助于提高学生自主学习与探索问题的能力,能更有效提高青年学生释义、分析、评价、推理与自我调节等批判性思维核心技能。②

姚晓红主张,"毛泽东思想和中国特色社会主义理论体系概论"课程可采用"三位一体"教学模式,认为高校思政课改革要突破传统教学模式,吸纳先进的教育教学理念,运用先进的教学手段和技术,融合课堂教学、网络教学、实践教学这三种教学模式于一体。"三位一体"的教学模式在思政课教学中具有重要地位和作用,它既是保证教育教学质量的重要手段,又是适应当前社会发展新形势的客观需要。③

李雅兴、苏利娟主张"毛泽东思想和中国特色社会主义理论体系概论"课程可采用"五个一"教学模式,认为在高校思想政治理论课"毛泽东思想和中国特色社会主义理论体系概论"的教学中,采用"五个一"教学模式,即一篇课程论文、一篇小组讨论稿、一个多媒体课件、一篇原著读书笔记和一篇学习总结或评学议教的心得体会,可极大地提高学生的写作能力、语言表达能力、自学能力、思维

---

① 马丽:《混合式教学模式中课堂面授与课堂实践的有效结合——以"毛泽东思想和中国特色社会主义理论体系概论"课为例》,《内蒙古农业大学学报(社会科学版)》,2019年第2期,第36~39页。

② 张满东:《PBL教学模式在"毛泽东思想和中国特色社会主义理论体系概论"课程中的批判性思维技能实证研究》,《教育教学论坛》,2017年第45期,第216~217页。

③ 姚晓红:《"三位一体"教学模式在高校思政课中的运用——以"毛泽东思想和中国特色社会主义理论体系概论"为例》,《河北农业大学学报(农林教育版)》,2017年第4期,第49~54页。

能力、计算机水平及团队协作能力，切实增强思想政治理论课教学的实效性。①

侯保龙主张"毛泽东思想和中国特色社会主义理论体系概论"课程可采用"移动课堂"教学模式，他认为作为探究式学习范畴的"移动课堂"教学模式突出的特点是实现高校政治课的理论性与实践性的有机统一，尊重学生学习主体的建构性、探究性，在该教学模式中，教师角色会随着教学阶段、具体教学场景和教学任务的置换而变化，教师应扮演好"移动课堂"准备阶段的培训师、实地参观阶段的导游员、课程论文指导阶段的导师以及学生主题演讲阶段的主持人这四重角色。②

邓海霞、刘一睿主张"毛泽东思想和中国特色社会主义理论体系概论"课程可采用"雅典式"教学模式，即以教师为主导，以学生为主体，采取多样化的教学方式和手段，实行大班教学与小班教学相结合的教学模式，有助于激发学生的学习兴趣，锻炼学生的综合能力，提高课堂教学效果。③

彭付芝主张"毛泽东思想和中国特色社会主义理论体系概论"课程可采用参与式教学模式，认为在高校思想政治理论课教学中引入参与教学模式，能够全员参与、师生互动，破解大班教学难题，内容丰富、取材广泛，有利于开展课堂教学，形式多样、灵活机动，有效激

---

① 李雅兴、苏利娟：《高校思想政治理论课"五个一"教学模式探析——以"毛泽东思想和中国特色社会主义理论体系概论"为例》，《山西高等学校社会科学学报》，2015年第3期，第59~62页。

② 侯保龙：《高校思想政治课"移动课堂"教学模式中教师的四重角色分析——以"毛泽东思想和中国特色社会主义理论体系概论"课为例》，《长春理工大学学报（社会科学版）》，2014年第6期，第154~156页。

③ 邓海霞、刘一睿：《高校思想政治理论课"雅典式"教学模式探索——以"毛泽东思想和中国特色社会主义理论体系概论"课程为例》，《教育教学论坛》，2014年第14期，第102~103页。

发学生热情,从而提升思想政治理论课教学的针对性和实效性。①

胡艳华主张"毛泽东思想和中国特色社会主义理论体系概论"课程可采用启发式教学模式,即教师在教学过程中依据学习过程的客观规律引导学生积极主动地掌握知识的教学方式。启发式教学对于克服传统教学方法的局限、培养高素质人才具有重要意义。②

郑景云主张"毛泽东思想和中国特色社会主义理论体系概论"课程可采用对话教学模式,探求"毛泽东思想和中国特色社会主义理论体系概论"课程对话教学模式的建构,改变过去传统、照本宣科的教学方式,把思想政治理论的基本原理、观点与现实生活中学生感兴趣的话题结合在一起,将思想政治理论课对话教学模式细化、量化、专业化,提升教学的针对性,使高校思政课对话教学的研究更加深入和细化,拓展教育思路,丰富教学手段,创新培养模式,可以充分发挥思想政治理论课的育人功能。③

韦革主张"毛泽东思想和中国特色社会主义理论体系概论"课程可采用实践性教学模式,认为"课程学习结合校园社会实践、由思想政治理论课教师组织、学生分散调查"的实践教学模式,比较成功地解决了教学和实践脱节的难题。④

徐承英主张"毛泽东思想和中国特色社会主义理论体系概论"课程可采用多元互动相结合的教学模式,认为"多元互动相结合"的教

---

① 彭付芝:《高校思想政治理论课参与式教学模式的创新探索——以"毛泽东思想和中国特色社会主义理论体系概论"课为例》,《思想政治教育研究》,2013年第6期,第60~63页。

② 胡艳华:《高校思想政治理论课启发式教学探析——以"毛泽东思想和中国特色社会主义理论体系概论"课为例》,《思想教育研究》,2012年第12期,第44~46页。

③ 郑景云:《〈毛泽东思想和中国特色社会主义理论体系概论〉课对话教学模式可行性研究》,《长春理工大学学报》,2012年第10期,第157~158页。

④ 韦革:《高校思想政治理论课实践性教学模式分析——以"毛泽东思想和中国特色社会主义理论体系概论"为例》,《学校党建与思想教育》,2009年第35期,第38~39页。

育模式可以让毛泽东思想、中国特色社会主义理论体系"进学生头脑",内化为大学生的马克思主义理论素养、分析问题和解决问题的科学方法、明辨是非的判断能力以及奋发昂扬的进取精神。①

二、关于教学方法的探讨

迄今为止,学界关于"毛泽东思想和中国特色社会主义理论体系概论"课程教学方法的探讨主要涉及互动教学法、启发式教学法、参与式教学法、问题导入式教学法、设问解疑教学法、价值引导法、"全景式"教学法、互动教学法、专题教学法、实践教学法等。

吴卫红主张"毛泽东思想和中国特色社会主义理论体系概论"课程可采用互动教学法,他认为互动教学法可以在教学实践中更好地发挥学生学习两课的主动性和积极性,提高学生的学习兴趣。②

吕秀兰、王书君、赵丽主张"毛泽东思想和中国特色社会主义理论体系概论"课程可采用参与式教学方法,认为采用辩论式、体验式和自由讨论式等参与式教学方法效果良好,辩论式教学要对辩论赛的规程做出适当调整,在辩论题目的选择上要整合教学资源精心设计,体验式教学就是把讲台让给学生,让学生过一把教师瘾,使课堂由单调变得立体和多维,自由讨论式教学就是用某一社会热点问题引导学生发表见解阐述观点,让课堂充满思辨的氛围。③

---

① 徐承英:《"毛泽东思想和中国特色社会主义理论体系概论"多元互动结合教学模式探究》,《中国成人教育》,2009年第21期,第150~151页。

② 吴卫红:《互动教学法在"毛泽东思想和中国特色社会主义理论体系概论"课教学中的运用》,《西南农业大学学报(社会科学版)》,2010年第3期,第193~194页。

③ 吕秀兰、王书君、赵丽:《参与式教学方法的创新尝试与总结——以"毛泽东思想和中国特色社会主义理论体系概论"为例》,《高等农业教育》,2017年第5期,第72~76页。

代礼忠、王春兰主张"毛泽东思想和中国特色社会主义理论体系概论"课程可采用问题导入式教学法，他们认为问题导入式教学法是提高思想政治理论课教学实效的一种有益的教学方法，运用此方法需坚持互动性、整体性和理论联系实际的原则。问题的导入根据教学内容可选择前后联系法、案例导入法和悬念设置法等，它要求教师必须事先吃透教材，根据学生的认知能力选择问题和案例，建立一套激励学生参与的评价机制。①

李沛霖主张"毛泽东思想和中国特色社会主义理论体系概论"课程可采用设问解疑教学法，他认为将设问解疑教学法创造性地运用于该课程教学，不仅有利于提高教师的专业素养，培育学生发现、辨析和解决实际问题的能力，更能有效解决教学中遇到的种种难题。②

史伟主张"毛泽东思想和中国特色社会主义理论体系概论"课程教学可采用价值引导法，他认为鉴于当前高校思想政治理论教学的特殊性，"毛泽东思想和中国特色社会主义理论体系概论"课程教学有必要从理论、现实及历史文化等三个层面进行教学方法的改进，以便更加有效地对学生进行正确的价值引导。③

张忠有、李景山主张"毛泽东思想和中国特色社会主义理论体系概论"课程可采用"全景式"教学法，他认为运用"全景式"教学法，充分展现了理论形成发展的全背景和全过程，以"科学史"凸显

---

① 代礼忠、王春兰：《问题导入式教学法在思想政治理论课中的运用——以"毛泽东思想和中国特色社会主义理论体系概论"课为例》，《教育教学论坛》，2017年第32期，第161~163页。

② 李沛霖：《设问解疑教学法的实证研究——"毛泽东思想和中国特色社会主义理论体系概论"课程探索》，《高等财经教育研究》，2014年第2期，第18~23页。

③ 史伟：《论高校"毛泽东思想与中国特色社会主义理论体系概论"教学中的价值引导及其方法》，《高等函授学报（哲学社会科学版）》，2012年第3期，第37~38页。

科学性有助于提升理论教学的生动性、深刻性和说服力。①

吴卫红主张"毛泽东思想和中国特色社会主义理论体系概论"课程可采用互动教学法，他认为互动式教学法能更好地发挥学生学习两课的主动性和积极性，提高学生的学习兴趣，希望"互动"教学模式能为中国高校教学模式改革起到"抛砖引玉"的作用。②

蒋荣、代礼忠、胡同泽主张"毛泽东思想和中国特色社会主义理论体系概论"课程可采用专题式教学法，认为"毛泽东思想和中国特色社会主义理论体系概论"课程在教学中存在三大冲突：政治性与大学生政治冷漠的冲突、时效性与课程内容相对滞后性的冲突、学科广泛性与师资专业性的冲突；而具有针对性、研究性、灵活性的专题式教学法有助于克服这三大冲突，增强其教学实效性，从而成为该课程教学方法的应然选择。③

陈洁主张"毛泽东思想和中国特色社会主义理论体系概论"课程可采用实践教学法，认为实践教学方法在实现思想政治理论课教育目标的过程中起着十分重要的作用。④

三、关于内容拓展的探讨

对教学内容的科学拓展也是影响"毛泽东思想和中国特色社会主

---

① 张忠有、李景山：《"毛泽东思想和中国特色社会主义理论体系概论"课"全景式"教学法研究》，《教学研究》，2012年第1期，第89~91页。

② 吴卫红：《互动教学法在"毛泽东思想和中国特色社会主义理论体系概论"课教学中的运用》，《西南农业大学学报（社会科学版）》，2010年第3期，第193~194页。

③ 蒋荣、代礼忠、胡同泽：《专题式教学法在"毛泽东思想和中国特色社会主义理论体系概论"课程中的运用》，《西南农业大学学报（社会科学版）》，2010年第3期，第188~192页。

④ 陈洁：《高校思想政治理论课实践教学方法探析——以"毛泽东思想和中国特色社会主义理论体系概论"为例》，《思想政治教育研究》，2009年第5期，第82~85页。

义理论体系概论"课程教学实效性的重要因素。学界对"毛泽东思想和中国特色社会主义理论体系概论"课程教学内容拓展方面的研究主要涉及将红色文化、航天文化、习近平新时代中国特色社会主义思想、习近平文化自信思想、雷锋精神、社会主义核心价值观、优秀传统文化、"四个全面"、"中国梦"、党的十八大精神、地方文化资源、科学马克思主义观等内容融入概论课教学实践等方面。

李洪侠、刘爱华、季洪辉主张将红色文化融入"毛泽东思想和中国特色社会主义理论体系概论"课程教学，认为在教学实践中遵循优选教学内容以满足学生成长需要的设计理念，围绕马克思主义中国化这一历史发展脉络，构建"时代主题引导，红色文化融入"的专题化教学模式，创建"讲好中国故事，传唱中国声音"为主旨的实践教学体系，将教材重点、难点与学生关注点相结合，有助于实现理论与实践、历史与现实的统一。①

王萱主张新媒体时代航天文化案例可以融入"毛泽东思想和中国特色社会主义理论体系概论"课程教学，他认为航天文化是在航天事业的发展中逐步形成的，包含了爱国、敬业、奉献、务实、创新等思政元素；新媒体时代航天文化案例融入思政课符合现阶段思政课教学改革的要求，符合思政课教学案例的原则；把航天文化案例运用到"毛泽东思想和中国特色社会主义理论体系概论"课程的教学，通过探求航天文化与该课程理论的契合点，实施线上线下相结合的混合式教学模式，开展课堂内教学与课外实践教学相结合的教学方式，有助于丰富教学资源，增强学生学习的自主性。②

---

① 李洪侠、刘爱华、季洪辉：《红色文化融入高校思政课教学的实践探索——以〈毛泽东思想和中国特色社会主义理论体系概论〉课为例》，《毛泽东思想研究》，2018 年第 6 期，第 133~137 页。

② 王萱：《新媒体时代航天文化案例融入思政课教学的探索——以〈毛泽东思想和中国特色社会主义理论体系概论〉为例》，《教育现代化》，2019 年第 81 期，第 51~52 页。

豆庆升主张"毛泽东思想和中国特色社会主义理论体系概论"课程教学应融入习近平新时代中国特色社会主义思想,认为"毛泽东思想和中国特色社会主义理论体系概论"课程是对大学生进行中国化马克思主义理论教育的主渠道,在中国特色社会主义进入新时代后,该课程的首要任务就是自觉、及时、全方位地将习近平新时代中国特色社会主义思想这一马克思主义中国化的最新理论成果融入教学中。①

苏亚红主张"毛泽东思想和中国特色社会主义理论体系概论"课程教学应融入习近平文化自信思想,他认为文化是一个国家和民族的灵魂,也是一个国家和民族持续发展的力量源泉,我们要建设中国特色社会主义,要实现中华民族伟大复兴,就必须要有文化自信,作为未来建设者的当代大学生必须有充分的文化自信,因此,应该充分利用"毛泽东思想和中国特色社会主义理论体系概论"课程来培养当代大学生的文化自信。②

华芸主张"毛泽东思想和中国特色社会主义理论体系概论"课程教学应融入雷锋精神,他认为雷锋精神是社会主义核心价值观的生动体现,是对大学生进行思想政治教育的重要资源。③

张玲玲主张"毛泽东思想和中国特色社会主义理论体系概论"课程教学应融入社会主义核心价值观,他认为将社会主义核心价值观融入"毛泽东思想和中国特色社会主义理论体系概论"课程教学是现实的需要且具有合理性依据;"毛泽东思想和中国特色社会主义理论体系概论"课程应不断探索,通过明确教学理念、科学把握教学内容、革

---

① 豆庆升:《习近平新时代中国特色社会主义思想融入〈毛泽东思想和中国特色社会主义理论体系概论〉课的实效性初探——以亲和力为突破口》,《湖北文理学院学报》,2018年第12期,第62~66页。

② 苏亚红:《习近平文化自信思想融入〈毛泽东思想和中国特色社会主义理论体系概论〉课途径探究》,《课程教育研究》,2018年第48页,第45~46页。

③ 华芸:《雷锋精神融入高校思政课活力课堂教学实践探索——以上海师范大学天华学院〈毛泽东思想和中国特色社会主义理论体系概论〉为例》,《传播力研究》,2018年第21期,第196~198页。

新教学方式和充分发挥师生双方积极性主动性等有效路径，提升教学的实效性，完善社会主义核心价值观的融入工作，从而坚定广大师生对中国特色社会主义的自信。①

陈中主张"毛泽东思想和中国特色社会主义理论体系概论"课程教学应融入优秀传统文化，他认为思政课作为高校的重要课程，如何全面提升教学质量，增强教学的主动性与收获感，涵养砥砺广大青年学生的思想政治品质，是教学改革与发展的重要基础性内容，而将中华优秀传统文化融入"毛泽东思想和中国特色社会主义理论体系概论"课程教学，有助于拓宽思政教育的视野、充实思政教育的丰富内涵。②

郭玉琼、王方根主张"毛泽东思想和中国特色社会主义理论体系概论"课程教学应融入"四个全面"，认为习近平总书记立足国家改革发展稳定大局提出的"四个全面"，是马克思主义与中国实践相结合的创新成果，应当融入"毛泽东思想和中国特色社会主义理论体系概论"课程的教学过程；通过整合"毛泽东思想和中国特色社会主义理论体系概论"课程的教学内容，将"四个全面"融入六个专题讲授，能有效发挥"毛泽东思想和中国特色社会主义理论体系概论"课程在"四个全面"宣传思想工作中的特殊作用，也有利于提升"毛泽东思想和中国特色社会主义理论体系概论"课程教学的综合效益和实效性。③

范大明主张"毛泽东思想和中国特色社会主义理论体系概论"课程教学应融入"中国梦"，他认为实现中华民族伟大复兴的中国梦是

---

① 张玲玲：《社会主义核心价值观融入〈毛泽东思想和中国特色社会主义理论体系概论〉课教学的思考》，《思想理论教育导刊》，2017年第11期，第117~120页。
② 陈中：《优秀传统文化融入〈毛泽东思想和中国特色社会主义理论体系概论〉教学路径及其价值探析》，《高教学刊》，2017年第14期，第77~79页。
③ 郭玉琼、王方根：《"四个全面"融入〈毛泽东思想和中国特色社会主义理论体系概论〉课教学的思考》，《长治学院学报》，2016年第1期，第88~91页。

"毛泽东思想和中国特色社会主义理论体系概论"课程的主题，也是贯穿"毛泽东思想和中国特色社会主义理论体系概论"课程教学的纲与主线。①

吴红杏主张"毛泽东思想和中国特色社会主义理论体系概论"课程教学应融入党的十八大精神，他认为理解贯彻和弘扬党的十八大精神是当前高校思想政治教育极为重要的任务，教师应重点从中国特色社会主义伟大旗帜的新概念及总体布局、科学发展观的新提法与新阐述、社会主义核心价值观、小康社会目标等四个方面推动党的十八大精神实质与"毛泽东思想和中国特色社会主义理论体系概论"课程的融合。②

田旭明主张"毛泽东思想和中国特色社会主义理论体系概论"课程教学应融入地方文化资源，他认为将地方文化资源融入"毛泽东思想和中国特色社会主义理论体系概论"课程有利于丰富其教学内容，促进其生活化创新，教师要在具体的教学过程中加强地方文化资源与"毛泽东思想和中国特色社会主义理论体系概论"课程教学内容、教学方法和手段以及实践教学的融合互动。③

刘武根主张"毛泽东思想和中国特色社会主义理论体系概论"课程教学应融入科学马克思主义观，他认为科学马克思主义观是贯穿"毛泽东思想和中国特色社会主义理论体系概论"课程教材体系的内在逻辑线索，以科学马克思主义观为线索梳理"毛泽东思想和中国特色社会主义理论体系概论"课程的教材体系，以科学马克思主义观教育为指导设计"毛泽东思想和中国特色社会主义理论体系概论"课程的

---

① 范大明：《浅析"中国梦"融入〈毛泽东思想和中国特色社会主义理论体系概论〉理论教学专题模式设计》，《高教学刊》，2015年第18期，第1~2页。

② 吴红杏：《十八大精神融入〈毛泽东思想和中国特色社会主义理论体系概论〉课的初步探索》，《长春教育学院学报》，2015年第4期，第83~84页。

③ 田旭明：《徐州地方文化资源融入〈毛泽东思想和中国特色社会主义理论体系概论〉课程教学的探索》，《教育教学论坛》，2014年第51期，第132~133页。

教学体系，能够较好地实现"毛泽东思想和中国特色社会主义理论体系概论"课程的教学目标和任务。①

四、总结与反思

综上所述，学界同仁在深刻认识"毛泽东思想和中国特色社会主义理论体系概论"课程重要性的基础上，从实际教学过程出发，本着以学生为主的原则，就"毛泽东思想和中国特色社会主义理论体系概论"课程的教学实效性问题进行了集中探究，取得了可喜的成果，为切实推进高校"毛泽东思想和中国特色社会主义理论体系概论"课程教学改革摸清了方向，理顺了思路。可是，着眼于这一研究的长远发展，综合考量现有的研究成果，其中依然存在许多值得思考和改进的地方，主要表现在研究视野有待进一步拓展、研究内容趋同化明显、研究方法有待进一步多元化等方面。

（一）研究视野有待进一步拓展

通过整理和耙梳现有的文献资料，对"毛泽东思想和中国特色社会主义理论体系概论"课程教学实效性的研究视野有待进一步拓展。具体来说，当前学界关于"毛泽东思想和中国特色社会主义理论体系概论"课程教学实效性问题的研究主要停留在教学方法、教学模式、教学内容、教师与学生等方面，忽视了学校管理、制度引导、现实环境等因素在提高教学实效性方面的作用，不能灵活运用社会学、教育学、心理学等交叉学科的思维开拓视野，突破前人的局限，从而造成了研究视角的片面重复化。

---

① 刘武根：《科学马克思主义观教育融入"毛泽东思想和中国特色社会主义理论体系概论"课教学初探》，《思想政治教育研究》，2011年第4期，第59~62页。

(二) 研究内容的趋同化现象明显

在研究结果方面,虽然学界对提高"毛泽东思想和中国特色社会主义理论体系概论"课程教学实效性提出了许多有益的建议,但是由于研究视角上的局限性,绝大多数研究只是在继承前人成果基础之上的重复叙说,缺乏实质性的创新;更有不少学者在研究时不求甚解,一味参照前人的思路整合已有的观点,进而导致研究结果上的普遍趋同化。研究内容重复是当前"毛泽东思想和中国特色社会主义理论体系概论"课程教学实效性研究中面临的严重问题。未来,学界同仁必须在拓展研究新视角的基础上,以科学的思路提出独特新颖的见解,推动"毛泽东思想和中国特色社会主义理论体系概论"课程教学实效性研究的深入开展。

(三) 研究方法有待进一步多元化

"毛泽东思想和中国特色社会主义理论体系概论"课程的教学内容关系到政治学、历史学、马克思主义、教育学等多门学科,因此,突破传统研究的固有范式,采用多元化、跨学科的研究方法是推动"毛泽东思想和中国特色社会主义理论体系概论"课程教学实效性研究向纵深发展的内在需要。就当前学界在研究"毛泽东思想和中国特色社会主义理论体系概论"课程教学实效性过程中所采用的实际方法来说,虽然有少数学者本着学科互鉴的原则将实证研究法、调查法、比较分析法等运用于该项研究中,但是从整体上看,上述研究方法依然以文献法、归纳法以及系统分析法等为主,在研究方法的选择上未能体现学科间交叉融合、多元互动的特性。导致这种现象的原因是多种多样的,这也从侧面真实反映出部分学者对研究方法的掌握缺乏全面性。

"思想道德修养与法律基础"课程教学实效性研究回顾[①]

"思想道德修养与法律基础"课程作为当代大学生的一门思想政治理论教育课,在其教学实践中,学界对与其教学实效性密切相关的教学方法、教学模式、教学内容拓展等方面展开了持续而深入的探讨。本文主要选取学界较有代表性的学术成果进行概述。

一、关于教学方法的研究

在学界关于"思想道德修养与法律基础"教学实效性的学理探讨中,教学方法是学者们一致认定的重要影响因素之一。迄今为止,学界以提升"思想道德修养与法律基础"课程教学实效性为出发点,所倡导的教学方法主要包括"问题解析式"教学方法、"三大课堂"相结合的教学方法、曲艺式教学方法、心理健康教育法、美育法、"喜欢"教学法、"接受"教学法、相似论教学法、提问式教学法、参与式教学法等。

陶倩、赵国庆主张"思想道德修养与法律基础"课程教学可采用

---

① 该文原刊于《吕梁教育学院学报》2020年第3期。

"问题解析式"教学方法，认为运用"问题解析式"教学方法可以提高学生的辩证思维能力，建立学生对课程教学内容的认同感。①

马建青主张"思想道德修养与法律基础"课程教学可以采用"三大课堂"相结合的教学方法，认为促进思想政治理论课教学方法的改革是提高教学效果的途径之一，而实现以案例教学为核心的课内课堂、以实践教学为核心的课外课堂、以研究性学习为核心的网络课堂"三大课堂"相结合教学方法，是一种行之有效的教学方法。②

周小李主张"思想道德修养与法律基础"课程教学可以采用曲艺式教学方法，他认为曲艺式教学法是指运用吹拉弹唱说跳画等艺术表现形式表达思想政治理论课教学主题内容，将理论的抽象性与艺术的娱乐性有机结合的一种独特的教学方式；曲艺式教学法既符合"三面向"的教育发展要求，符合"三贴近"的中央精神要求，也体现了"三化"的当代大学生成长需求；曲艺式教学法的实施必须遵循主题内容的思想性、知识性、趣味性"三结合"要求，表达形式的传承性、创新性、发展性"三结合"要求，主体参与的全员性、协作性、竞争性"三结合"要求。③

何蓓、姚芳、张茜平主张"思想道德修养与法律基础"课程教学可以采用心理健康教育的路径与方法，他们认为将心理健康教育融入"思想道德修养与法律基础"课程教学，要遵循"以问题为牵引""以心理学知识为媒介""以实践性教学为载体"的教学路径，并采取团体心理辅导、课堂情景体验、项目化培训等多种方法，不断加强学员的

---

① 陶倩、赵国庆：《"思想道德修养与法律基础"课"问题解析式"教学方法的运用探析》，《思想教育研究》，2018年第9期，第72~76页。

② 马建青：《"思想道德修养与法律基础"课"三大课堂"相结合的教学方法探讨》，《思想教育研究》，2017年第10期，第70~73页。

③ 周小李：《"思想道德修养与法律基础"课曲艺式教学方法初探》，《湖南第一师范学院学报》，2016年第3期，第51~54页。

心理品质。①

李玉萍、严婷婷主张"思想道德修养与法律基础"课程教学可采用"美育"教学方法,他们认为把美育理念的情感性、形象性、兴味性等特质渗透和移植到"思想道德修养与法律基础"课程教学中,积极营造良好课堂氛围、优化教学环节、提升教学内容和教师主体的吸引力,可以切实提高教学效果。②

张咸杰主张"思想道德修养与法律基础"课程教学可以借鉴儒家德育方法,他认为儒家德育方法是中华优秀传统文化的重要组成部分,包括以美辅德、环境陶冶、因材施教和启发诱导等,运用和创新儒家德育方法是提升高校思想政治教育实效性的重要途径。③

郑珠仙、童谨主张"思想道德修养与法律基础"课程教学可以用"喜欢"教学法,他们认为:首先,教师应研究学生接受该课程的规律,重视探寻学生学习动机和学习积极性形成的规律,重视探究教法与学法辩证统一的规律,重视探究学生接受行为规范的规律;其次,教师应调查了解大学生对"基础"课教学方法的认知;最后,在此基础上,教师应选择大学生喜欢的"基础"课教学方法,比如,课堂辅助教学"我最喜欢的格言演讲"、实践锻炼教学法等。④

王嘉、张瑜主张"思想道德修养与法律基础"课程教学可采用接受理论的教学理念与方法,他们认为"思想道德修养与法律基础"课程是大学生的第一门思想政治理论课,大学生对这门课的学习误区是

---

① 何蓓、姚芳、张茜平:《军校融合型心理健康教育的路径与方法探究——以"思想道德修养与法律基础"课程为视角》,《高教论坛》,2015年第7期,第55~58页。

② 李玉萍、严婷婷:《美育理念提升"思想道德修养与法律基础"课教学效果的方法研究》,《北京教育(德育)》,2015年第5期,第59~61页。

③ 张咸杰:《儒家德育方法在"思想道德修养与法律基础"课中的运用与创新研究》,《教育教学论坛》,2015年第18期,第35~38页。

④ 郑珠仙、童谨:《大学生喜欢的"思想道德修养与法律基础"课教学方法探究》,《思想理论教育导刊》,2012年第8期,第81~83页。

多方面的，为了提高教学效果，要借鉴接受理论的核心思想，提出"基础"课新的教学理念，教学内容应具有一定的"未定性"，为大学生参与再创造提供空间，要关注学生的主体需要，引导学生情感体验，提高"基础"课接受效果。①

赵柯主张"思想道德修养与法律基础"课程教学可以用相似论教学方法，他认为相似论是脑科学和思维科学的成果，为高校教育教学中相似规律的探索提供了理论依据，将其创造性地运用于"思想道德修养与法律基础"课程的课堂教学实践，为取得理想的教学效果、实现课程培养目标提供了一条有效的探索途径。②

林巧、肖韵主张"思想道德修养与法律基础"课程教学可采用公民教育法，他们认为"思想道德修养与法律基础"课程是大学进行公民教育的主战场，采用公民教育法有助于提升该课程的教学实效性。③

洪明主张"思想道德修养与法律基础"课程教学可使用提问式教学方法，认为提问是教师在教学中普遍采用的教学方法，也是道德与法律教育富有实效的方法，应重视提问式教学方法在"思想道德修养与法律基础"课程教学中的运用；大学生道德与法律教学的提问应以回答"为什么"为重点，以适应大学生智力、心理发展特点所决定的学习要求和大学生道德与法律教育目标的要求。④

夏春雨主张"思想道德修养与法律基础"课程教学可采用参与式

---

① 王嘉、张瑜：《基于接受理论的"思想道德修养与法律基础"课教学理念与方法创新》，《思想教育研究》，2012年第7期，第53~56页。

② 赵柯：《相似论教学方法在"思想道德修养与法律基础"课中的应用探索》，《西南民族大学学报（人文社会科学版）》，2011年第S3期，第82~84页。

③ 林巧、肖韵：《"思想道德修养与法律基础"课大学生公民教育方法探析——以大学生社会责任感培养为例》，《西南民族大学学报（人文社会科学版）》，2011年第S3期，第94~96页。

④ 洪明：《试析提问式教学方法在"思想道德修养与法律基础"课中的运用》，《学校党建与思想教育》，2010年第14期，第51~52页。

教学方法，他认为"思想道德修养与法律基础"课程教学改革的关键在于教学方法的改革，参与式教学方法通过严格的教学环节设计，通过环境营造、利用教学道具来激发主体参与，引导团队合作与分享，是一套增强教学实效性，体现教与学的民主性、主体性、创造性和启发性的教学新方法。①

二、关于教学模式的研究

学界一致认为，教学模式也是影响"思想道德修养与法律基础"课程教学实效性的重要因素。迄今为止，学界同仁在关于教学模式的探讨中，主要涉及道德教育"困境讨论"模式、叙事模式、"三三制"教学模式、对分课堂模式、三位一体教学模式、ISW教学模式、情境化教学模式、CDMC教学模式、角色体验教学模式、项目化教学模式、PBL教学模式、案例教学模式、"践履式"教学模式、"显隐结合"教学新模式、开放式教学模式等诸多类型。

张静主张"思想道德修养与法律基础"课程教学可采用道德教育"困境讨论"模式，他认为"思想道德修养与法律基础"课程中道德教育部分的教学，重在提升大学生道德判断能力，培育其道德行为的认知基础和动力机制；在教学中运用由道德困境故事呈现、困境阐明、小组讨论、大组辩论、最佳观点提名和学生反馈等环节构成的"困境讨论"模式，有助于构建积极的道德教育课堂生态，形成以道德认知、道德情感互构的教学过程，切实将教学实效引向学生道德判断、践行能力的提升，完善积极道德人格的生成机制。②

---

① 夏春雨：《"思想道德修养与法律基础"课参与式教学方法新探》，《温州大学学报（社会科学版）》，2008年第5期，第110~113页。
② 张静：《道德教育"困境讨论"模式在"思想道德修养与法律基础"课教学中的运用》，《思想教育研究》，2018年第1期，第88~92页。

蒋涛、吴维维主张"思想道德修养与法律基础"课程教学可采用叙事模式，认为叙事模式的选取和逻辑结构的优劣能直接影响教科书所设定的教学效果，而以"思想道德修养与法律基础"课程为例，对其叙述模式和逻辑结构进行分析，确立"现象描述—原因分析—合理性分析—理论建构"的情感论说模式以及先个案再到整体的逻辑结构，可以达到《思修》课"化人"的目的。①

卫绪华主张"思想道德修养与法律基础"课程教学可以采用"三三制"教学模式，认为"三三制"教学模式有助于提高大学生对于该课程教学过程的参与度，有助于提升该课程教学的实效性。②

本志红主张"思想道德修养与法律基础"课程教学可以采用"对分课堂"模式，认为对分课堂（PAD）是包含教师讲授（P）、学生自学内化（A）、课堂讨论（D）三个环节的一种新型教学模式；作为一种新型教学模式，对分课堂在思想政治理论课教学实践中不仅是可行的，而且有助于增强学生的主动性，减轻教师机械教学负担，实现思政课教师"双师"作用的发挥，有助于增加生生互动、师生互动交流，有助于提升思政课的教学实效，促进立德树人教育目标的实现。③

刘志山、李燕燕主张"思想道德修养与法律基础"课程教学可以采用"三位一体"教学模式，认为鉴于"知行统一"一直以来都是"思想道德修养与法律基础"课程教学追求的核心目标，"思想道德修

---

① 蒋涛、吴维维：《"思想道德修养与法律基础"叙事模式再思考——基于期待视角》，《内蒙古师范大学学报（教育科学版）》，2018年第1期，第80~83页。

② 卫绪华：《"三三制"教学模式下"思想道德修养与法律基础"绪论课的教学设计》，《大学教育》，2017年第12期，第87~90页。

③ 本志红：《对分课堂：高校"思政课"课堂教学模式改革探索——以"思想道德修养与法律基础"为例》，《山西师大学报（社会科学版）》，2016年第6期，第108~112页。

养与法律基础"课程应从观念认知、情感体验、行为养成等三个方面开展理论教学、实验教学与实践教学,并将三种教学方式有机结合,形成三位一体教学模式,实现"真知""真行""真信"的统一,展现人类真善美的价值追求。①

王瑞霞主张"思想道德修养与法律基础"课程教学可以采用ISW教学模式,他认为采用ISW教学模式有助于突出学生的主体地位,让学生真正成为学习的主动者,从而切实提升该课程的教学实效性。②

段兴华、苏双平、赵国年主张"思想道德修养与法律基础"课程教学可以采用情境化教学模式,认为"基础"课情境化教学模式以"知行统一"理论、情境学习理论和"需要层次"理论为基础,通过思考探索阶段、感受领悟阶段和实践行动阶段的教学过程,力求实现"知行统一"的教学目的;运用实验法对情境化教学模式和普通教学模式的教学效果进行对比研究,结果表明,情境化教学模式在提高学生参与教学活动的主动性和积极性,提高学生的沟通与合作能力,影响学生"观念"和"行为"等方面都显著优于普通教学模式。③

刘兆华主张"思想道德修养与法律基础"课程教学可以采用"CDMC教学模式",他认为"CDMC教学模式"是在新时期提高"思想道德修养与法律基础"课程教学实效所做的一项创新研究,课程本身的知识体系特点、教学价值目标以及当代大学生的个性特征都从客观上促使"CDMC教学模式"的实施。在实施过程中要求教师一定要夯实理论功

---

① 刘志山、李燕燕:《"思想道德修养与法律基础"课三位一体教学模式的探索》,《思想教育研究》,2016年第9期,第70~73页。

② 王瑞霞:《基于ISW理念下"思想道德修养与法律基础"课教学模式的探讨》,《内蒙古师范大学学报(教育科学版)》,2015年第9期,第107~109页。

③ 段兴华、苏双平、赵国年:《"思想道德修养与法律基础"课情境化教学模式实践研究》,《内蒙古师范大学学报(教育科学版)》,2013年第11期,第95~98页。

底，理论联系实际，实现教学内容的经典整合；转变教学理念、创设新型师生关系，实现教学方式的多样化组合；要掌握现代科技、拓展教学时空，实现教学手段的现代化；尤其要强化责任意识、丰富评价体系，实现考核的全面化。①

张玉兰主张"思想道德修养与法律基础"课程教学可以采用角色体验教学模式，认为角色体验教学模式是一种由角色、理论知识、角色体验三维立体推进的个性化教学模式；实施角色体验教学模式，需要注意角色导向定位、重组教学内容、将教材体系转化为教学体系、精心准备和设置主题实践等方面。②

王虹主张"思想道德修养与法律基础"课程教学可以采用项目化教学模式，认为项目化教学模式有助于重塑当代大学生的思想观念和行为方式，有助于培养具有创新精神和实践能力的人才。③

唐道秀主张"思想道德修养与法律基础"课程教学可以采用 PBL 教学模式，认为 PBL 教学模式有助于提高大学生学习思想政治理论课的兴趣与动机，培养学生面对复杂、真实情境解决问题的能力，从而提高思想政治教育的实效性。④

赵迎欢主张"思想道德修养与法律基础"课程教学可以采用案例教学模式，认为案例教学在内容上具有思想性和政治导向性，在结论上具有不同层次的一元性，在形式上具有高度的选择性；案例选择应

---

① 刘兆华：《"CDMC 教学模式"实施的必要性及对策研究——"思想道德修养与法律基础"课教学模式之创新研究》，《继续教育研究》，2012 年第 12 期，第 137~139 页。

② 张玉兰：《"思想道德修养与法律基础"课角色体验教学模式探索》，《思想理论教育》，2012 年第 23 期，第 64~66 页。

③ 王虹：《"思想道德修养与法律基础"课项目化教学模式初探》，《牡丹江大学学报》，2012 年第 7 期，第 155~156 页。

④ 唐道秀：《"思想道德修养与法律基础"课引入 PBL 教学模式探索》，《长江大学学报（社会科学版）》，2011 年第 12 期，第 165~167 页。

坚持思想性、方向性、感染力三个原则。①

唐青女主张"思想道德修养与法律基础"课程教学可以采用"践履式"教学模式,认为"践履式"的教学模式有助于提高大学生对该课程的学习兴趣和参与度,有助于提升该课程的教学实效性。②

林冬月、张会永、程家明主张"思想道德修养与法律基础"课程教学可以采用"显隐结合"教学新模式,认为随着数字化技术的高速发展,网络对现实社会生活方方面面的渗透,利用先进技术,依托网络平台改进高校思想政治理论课教学模式成为必然选择,基于网络技术的"思想道德修养与法律基础"课程"显隐结合"教学新模式,就是对适应形势发展,提高教学实效在教学、实践、评价等环节进行的探索。③

冯向阳、廖兰、杨浩松、邝兆明主张"思想道德修养与法律基础"课程教学可以采用开放式教学模式,并指出开放式教学模式改革具有明显的必要性和可行性,这种教学模式创造性地实现了大学生思想道德教育与思想道德实践的有机结合。④

三、关于教学内容拓展的研究

教学内容的拓展也是影响"思想道德修养与法律基础"课程教学实效性的关键因素。目前为止,学界关于"思想道德修养与法律基础"

---

① 赵迎欢:《"思想道德修养与法律基础"课案例教学模式探究》,《南京医科大学学报(社会科学版)》,2010年第3期,第252~255页。

② 唐青女:《"思想道德修养与法律基础"课程"践履式"教学模式的研究》,《湖南医科大学学报(社会科学版)》,2010年第3期,第167~168页。

③ 林冬月、张会永、程家明:《基于网络技术的"思想道德修养与法律基础"课"显隐结合"教学新模式》,《思想政治教育研究》,2010年第1期,第93~96页。

④ 冯向阳、廖兰、杨浩松、邝兆明:《"思想道德修养与法律基础"课程的开放式教学模式探讨》,《华南理工大学学报(社会科学版)》,2006年第S1期,第1~4页。

课程教学内容拓展之研究主要涉及将十九大精神、戏曲、工匠精神、红色文化、生命教育、中国精神、中华优秀传统文化、社会主义核心价值观、中国梦、民族团结教育、大庆精神、雷锋精神、廉洁文化等融入该课程教学内容中。

时统君主张"思想道德修养与法律基础"课程教学可以融入党的十九大精神，认为在高校"思想道德修养与法律基础"课程教学中融入党的十九大精神，既是学习宣传贯彻党的十九大精神、扎实推进党的十九大精神进教材、进课堂、进学生头脑的具体呈现，也是一项重要的政治任务；践行这一任务，必须在坚持整体性、科学性和针对性的前提下将党的十九大精神的思想精髓、核心要义和"思想道德修养与法律基础"课程的各个组成部分进行有效具体的对接。①

李铮主张"思想道德修养与法律基础"课程教学可以融入戏曲，他认为将戏曲艺术适当融入"思想道德修养与法律基础"课程教学，有助于丰富课程内容，提升大学生的课程学习兴趣，并提升该课程的教学实效性。②

张连梅主张"思想道德修养与法律基础"课程教学可以融入"工匠精神"，认为"工匠精神"的培养是高职院校思想政治理论课的重要内容，是支撑"思想道德修养与法律基础"课程中职业素养教育的基石，是贯穿于学生未来职业生涯的精神动力。③

李劲松主张"思想道德修养与法律基础"课程教学可以融入"红色文化"，认为"思想道德修养与法律基础"课程教学改革要切实把握

---

① 时统君：《党的十九大精神融入"思想道德修养与法律基础"课教学的思考》，《教书育人（高教论坛）》，2018 年第 33 期，第 99~101 页。

② 李铮：《戏曲融入"思想道德修养与法律基础"课路径研究》，《北京教育（德育）》，2018 年第 6 期，第 91~93 页。

③ 张连梅：《"工匠精神"融入高职院校"思想道德修养与法律基础"课程的探索与实践》，《教育教学论坛》，2018 年第 21 期，第 240~241 页。

大学生"三观"存在的问题，不断增强教学的感化力；以"红色文化"为抓手，将"红色文化"融入"思想道德修养与法律基础"课程教学，在推进文化强国建设及共产主义信仰教育中发挥着重要作用。①

朱清华主张"思想道德修养与法律基础"课程教学可以融入生命教育，认为立德树人是教育的中心环节和根本任务，高校思想政治理论课与大学生生命教育是实现立德树人任务的两大重要路径。②

李薇薇主张"思想道德修养与法律基础"课程教学可以融入中国精神，认为中国精神是高校思想政治理论课开展教学的重要资源。以"思想道德修养与法律基础"教学为例，其融入的要点可以从以爱国主义为核心的民族精神与以改革创新为核心的时代精神两个层面来考量，融入的路径与方法可以通过理论教学与实践教学进行；在融入过程中还应注意中国精神作为高校思想政治理论课教学资源的挖掘与丰富、理论教学与实践教学的融合式发展以及融入思想政治理论课教学成效的评估等问题。③

张咸杰、张立兴主张"思想道德修养与法律基础"课程教学可以融入中华优秀传统文化，他们认为中华优秀传统文化融入高校思想政治理论课首先是融入"思想道德修养与法律基础"课程；融入的目的包括内在目的与外在目的；融入的内涵首先从习近平总书记的系列讲话中提炼，其次基于社会主义核心价值观的要求从传统文化中挖掘；在融入方法上要做到传承、转化和发展。④

---

① 李劲松：《"福建红色文化"融入"思想道德修养与法律基础"课教学的几点思考》，《北京教育（德育）》，2018年第3期，第74~79页。
② 朱清华：《生命教育融入高校思想政治理论课的再认识——以"思想道德修养与法律基础"课为例》，《南昌师范学院学报》，2018年第1期，第70~74页。
③ 李薇薇：《中国精神融入高校思想政治理论课教学探究——以"思想道德修养与法律基础"课为例》，《思想教育研究》，2017年第3期，第90~93页。
④ 张咸杰、张立兴：《中华优秀传统文化融入高校思想政治理论课研究——以"思想道德修养与法律基础"课为例》，《思想教育研究》，2016年第11期，第77~80页。

罗文英主张"思想道德修养与法律基础"课程教学可以融入社会主义核心价值观，认为在大学生中培育和践行社会主义核心价值观，是高校思想政治教育的重要内容，也是贯穿"思想道德修养与法律基础"课程的主线；教师应结合教材的有关内容和大学生的思想困惑，讲清社会主义核心价值观的深刻内涵，在国家层面着重引导大学生认同富强、民主、文明、和谐的价值目标，在社会层面着重引导大学生确立自由、平等、公正、法治的价值取向，在公民个人层面着力提高大学生践行爱国、敬业、诚信、友善价值要求的能力。[1]

徐春妹主张"思想道德修养与法律基础"课程教学可以融入"中国梦"，他认为"中国梦"与"思想道德修养与法律基础"课程在目标取向和本质内涵方面有着内在契合性；"中国梦"融入"基础"课教学有助于帮助大学生树立远大理想信念，引导大学生协调个人理想和社会理想的关系，激励大学生弘扬中国精神，让该课程迸发出强大的吸引力。[2]

肖燕主张民族高校的"思想道德修养与法律基础"课程教学可以融入民族团结教育，认为"思想道德修养与法律基础"课程作为公共思想政治理论课承载着民族高校进行民族团结教育的重任，应结合教材内容的四个重点部分进行民族团结教育，培养学生正确的国家观和民族观，可以有效加强民族高校学生的民族团结意识。[3]

管慧、刘玉珍主张"思想道德修养与法律基础"课程教学可以融

---

[1] 罗文英：《社会主义核心价值观融入"思想道德修养与法律基础"课教学的思考》，《思想理论教育导刊》，2015年第6期，第102~105页。

[2] 徐春妹：《"中国梦"融入高校思想政治理论课教学意义和途径探讨——以"思想道德修养与法律基础"课为例》，《宝鸡文理学院学报（社会科学版）》，2014年第5期，第139~142页。

[3] 肖燕：《民族团结教育融入民族高校"思想道德修养与法律基础"课程教学的途径》，《黑龙江教育（理论与实践）》，2014年第9期，第72~73页。

入大庆精神,以大庆精神资源为依托,构建思想政治理论课的教学体系,能够达到提高教学实效性和对大学生进行地域特色文化教育的双赢效果。①

李成学主张"思想道德修养与法律基础"课程教学可以融入雷锋精神,认为雷锋精神与"思想道德修养与法律基础"课程的核心内容具有高度的一致性,把雷锋精神融入该课教学以促进当代大学生的人生修养很有必要;教师在教学中要善于把内容和方法结合起来,培养当代大学生树立像雷锋那样正确的世界观、人生观、价值观、道德观和法纪观,使他们成为振兴中华民族的建设者和可靠接班人。②

邓学源主张"思想道德修养与法律基础"课程教学可以融入廉洁文化,认为廉洁文化和'思想道德修养与法律基础'课程教学在本质属性、目标指向、主体内容、教育对象方面具有密切关联,将廉洁文化融入'思想道德修养与法律基础'课程教学具有客观必然性和现实可行性。③

四、反思与展望

揆诸学术界已有的研究成果,与"思想道德修养与法律基础"课程教学实践相表里,学者们结合自身教学经验,为提升"思想道德修养与法律基础"课程的教学效能进行了诸多有益的探讨。分析现有的研究成果,客观上讲,仍存在一些不完善之处,如研究成果在研究视

---

① 管慧、刘玉珍:《大庆精神资源融入高校思政课教学体系的探究——以"思想道德修养与法律基础"课为例》,《大庆社会科学》,2014年第3期,第146~147页。

② 李成学:《雷锋精神融入"思想道德修养与法律基础"教学促进大学生人生修养》,《教育教学论坛》,2013年第22期,第265~267页。

③ 邓学源:《廉洁文化融入高校思想政治理论课的辩证思考——以"思想道德修养与法律基础"课程教学为例》,《思想政治教育研究》,2013年第1期,第73~76页。

野、研究方法和研究内容等方面仍存有可检讨之处。因此，立足于进一步丰富"思想道德修养与法律基础"课程的教学实践和提升教学效果，今后学界同仁的研究视野需更加开阔，研究方法应更加多样，研究内容亦需更加系统。

首先，学界同仁在推动该课程教学效果研究过程中的学术视野需更加开阔。学术视野更开阔有利于学术研究的深入开展，也有利于学术研究取得突破性进展。持续不辍的学术研究实践表明，开阔的学术视野有助于繁荣学术研究，推动学术成果不断取得新进步，而多学科交叉研究则是推动学术视野走向开阔的重要路径。总览学界既有研究成果，研究视野相对狭窄，主要局限于教学方法、教学模式和教学内容等方面，对于强化学生主体地位和利用外在环境影响力等因素提及甚少，这在一定程度上限制了研究的深入。实事求是地来讲，"思想道德修养与法律基础"课程教学涉及学科众多，如马克思主义理论、哲学、社会学、传播学、心理学、教育学等多个学科，因此，要想丰富"思想道德修养与法律基础"课程教学实践和提高教学实效性，就必须利用多学科交叉研究，拓宽学术视野。

其次，今后学界同仁在推动该课程教学效果研究的过程中应更加注重研究方法的多样化。为推动学术研究持续获得突破性成果，需要学者们在拓展研究视野的基础上，在研究过程中运用多样化的研究方法。总览学界研究之既有成果，研究方法以纯理论研究为主，较少联系实际教学案例，研究方法的单一性在一定程度上阻碍了该课程教学实效性研究的进一步深入。

最后，学界同仁在推动该课程教学效果研究过程中，应更加注重研究内容的系统性。研究内容和研究对象的不断具体化有利于学术研究不断深化，但研究内容和研究对象的过度具体化又容易形成"只见树木不见森林"式的"碎片化"倾向，最终有碍于学术研究的健康发展。就学界既有研究成果来看，主要涉及该课程的教学方法、教学模式和教学内容以及提升教学效果的路径等方面,且针对某一方面进行重复性研究的居多。相比较来说,学术界将该课程教学实效性作为一个有机的整体,针对教学目标、教学规律、教学内容、教学方法及教学主客体等方面的研究成果甚少。显而易见,学界对该课程教学实效性的研究尚未形成完整的体系。

"马克思主义基本原理概论"课程教学实效性研究综述

"马克思主义基本原理概论"课是当代大学生的一门思想政治理论必修课,提升其教学实效性具有重要的学理价值和实践意义。迄今为止,学界同仁围绕与实效性有关的教学方法、教学模式、教学内容拓展等展开了热烈的学术探讨,取得了一些研究成果。本文主要选取较具代表性的学术成果,分类梳理并加以介绍。

一、关于教学方法之研究

学界关于"马克思主义基本原理概论"课程教学方法之探讨,广泛涉及现象学方法、参与法、理论联系实际法、导向法、叙事法、整体性教学法、总体性教学法、专业学习结合法、逻辑性方法等种类。

张明伟主张"马克思主义基本原理概论"课程教学可采用现象学方法,他认为海德格尔现象学方法有助于通过点的把握、线的串联、背景的烘托、情景的渲染四个层次递进的步骤使学生产生与自身相呼应的存在境域，能更好地提升对知识的理解和运用。①

温晓春、张巍主张"马克思主义基本原理概论"课程教学可采用情景式"参与法"，他们认为唯物辩证法的教学实践中可采用"参与式情境问题辩证实践"的方式，即为学生设定情境性问题，使之将自己作为问题的主体代入情景之中去领悟辩证法的三个维度，从一部经典看辩证法的来源和结构，从一个问题体验辩证法的思想魅力，从一场辩论获取辩证思维的思想方法，以使学生真正体验辩证法的思想魅力，进而使学生在思考和实践中掌握辩证法。②

凌取智主张"马克思主义基本原理概论"课程教学可采用"理论联系实际"的教学方法，认为理论联系实际是"马克思主义基本原理概论"课程教与学的"根本方法"，在新媒体环境下，学会运用马克思主义的立场、观点和方法观察分析并处理客观世界和主观世界的实际问题，是马克思主义理论课教学创新的有益探索。③

孙凯鹏主张"马克思主义基本原理概论"课程教学可采用价值导向法，他认为"马克思主义基本原理概论"课程是大学生思想政治理论基础课程中的基础，从理论性价值到实用性价值的转变是"马原"课程摆脱诟病和束缚的突破口，在把握"马克思主义基本原理概论"课程体系整体性和科学性的基础上，提升课程的可讲授性和可接受性，增强课程的吸引力、说服力、感染力，有助于"马克思主义基本原理概论"课程成为学生真心喜爱、终身受益、毕生难忘的优秀

---

① 张明伟：《现象学视角下课堂教学方法探析——以"马克思主义基本原理概论"课为例》，《教育观察》，2018年第13期，第96~98页。

② 温晓春、张巍：《参与式情境问题辩证实践——"马克思主义基本原理概论"辩证法的教学方法探讨》，《教育教学论坛》，2016年第41期，第213~214页。

③ 凌取智：《"理论联系实际"在网络平台实现的问题及思考——"马克思主义基本原理概论"课教学方法创新探究》，《湖北经济学院学报（人文社会科学版）》，2016年第9期，第193~195页。

课程。①

王强主张"马克思主义基本原理概论"课程教学可采用叙事式教学方法,他认为构建"马克思主义基本原理概论"课程叙事式教学法,从叙说什么、谁在叙说、叙说文本、如何叙说四个方面开展叙事式教学,能够有效调动学生学习的积极性、主动性,增强课堂教学的针对性和实效性,使学生在理性上接受、情感上认同、行动上践行马克思主义原理。②

许屹山主张"马克思主义基本原理概论"课程教学可采用整体性教学方法,他认为运用整体性教学方法是体现马克思主义整体性的客观要求,马克思主义的整体性决定了"马克思主义基本原理概论"课程教学的整体性;运用整体性教学方法是实现"马克思主义基本原理概论"课程教学目的和当代青年大学生成长的需要;运用整体性教学方法应注意协调好教学中学时较少和教学内容繁多、教师专业结构单一性和原理教学内容组成多元等之间的矛盾,并处理好马克思主义的阶级性和科学性的问题。③

刘丽杰主张"马克思主义基本原理概论"课程教学可采用总体性方法,认为把总体性方法应用于"马克思主义基本原理概论"课程的教学需要处理好四个关系:科学性与革命性的关系;内容的丰富性与课时的有限性的关系;科学性与时效性的关系;教与学的关系。只有处理好上述关系,才能提高学生的学习兴趣,达到思想政治课教学的

---

① 孙凯鹏:《"马克思主义基本原理概论"课程教学改革与创新——以应用型价值为导向的教学方法探索与实践》,《教育现代化》,2016年第24期,第73~75页。

② 王强:《"马克思主义基本原理概论"课叙事式教学方法探索》,《思想理论教育》,2015年第7期,第72~75页。

③ 许屹山:《试论整体性的教学方法在"马克思主义基本原理概论"中的应用探索》,《辽宁教育行政学院学报》,2013年第1期,第65~68页。

真正目的。①

李晓丹主张"马克思主义基本原理概论"课程教学可采用与学生专业相结合的教学方法，他认为现代学生的心理特点、"马克思主义基本原理概论"课程的特点、传统教学方法的弊端决定了该课程与学生专业相结合的教学方法研究很有必要。②

韦新祺主张"马克思主义基本原理概论"课程教学可采用逻辑性方法，他认为如何上好这门课，使它成为最受学生欢迎并终身受益的课程，是高校思想政治理论课教学改革迫切需要解决的一个重要课题，而解决这个重要课题的突破口就是尝试逻辑性教学方法之改革。③

陈媛主张"马克思主义基本原理概论"课程教学可采用参与性教学方法，他认为参与性教学方法强调学生的主体地位，要求挖掘学生的人生经验以激发和引导他们的生活理想，通过促进学生的人生经验、课堂体验和生活理想与学习内容之间的互动；把参与性教学方法运用于"马克思主义基本原理概论"课程教学，使学生已有的人生经验、课堂体验和未来生活理想直接融入"马克思主义基本原理概论"课程教学的全过程，拓展"马克思主义基本原理概论"课程的实践性内涵，能够有效激发学生学习的主动性、自觉性和创造性，提高教学的实效性，增强教学效果的长效性。④

---

① 刘丽杰：《"马克思主义基本原理概论"课的总体性方法应用研究》，《淮海工学院学报（社会科学版）》，2011年第6期，第63~65页。

② 李晓丹：《"马克思主义基本原理概论"课与学生专业相结合的教学方法初探》，《长春理工大学学报（社会科学版）》，2011年第1期，第136~138页。

③ 韦新祺：《论整体性、逻辑性方法在"马克思主义基本原理概论"课教学中的运用》，《广西师范学院学报（哲学社会科学版）》，2009年第1期，第38~42页。

④ 陈媛：《参与性教学方法在"马克思主义基本原理概论"课中的运用初探》，《南方论刊》，2008年第10期，第71~73页。

二、教学内容拓展之研究

学界关于"马克思主义基本原理概论"课程教学内容拓展之学术讨论，主要涉及在其教学过程中有机融入中国哲学、习近平新时代中国特色社会主义思想、人类命运共同体思想、党的十九大精神、五大发展理念、中国传统文化、遵义会议精神、经典原著、"四个全面"、中国共产党革命精神、红色文化、十八届三中全会精神、社会主义核心价值观、习近平生态文明思想等诸多内容。

展伟、王莉主张"马克思主义基本原理概论"课程教学内容可融入中国哲学，认为中国哲学是时代发展的重要思想源泉，将中国哲学融入"马克思主义基本原理概论"课程是马克思主义中国化时代化的必然要求和文化重建的诉求。然而，在融入的过程中存在中西方文化"优劣论"对中国哲学的遮蔽、过度商业化对中国哲学的侵害、中国哲学内涵被简单套用与叠加等问题。当前，高校亟须在课程教学中实现中国哲学与马克思主义的双向展开，在有效批判与合理利用方面同步发力，实现马克思主义与中国哲学在更高层次上的有机整合。①

刘洋、沈佩翔主张"马克思主义基本原理概论"课程教学内容可融入习近平新时代中国特色社会主义思想，他认为总体把握习近平新时代中国特色社会主义思想的内涵要义及其对马克思主义理论的创新发展，是这一思想融入"马克思主义基本原理概论"课程教学的前提；习近平新时代中国特色社会主义思想融入"马克思主义基本原理概论"课程教学有其内在必要性，要将必要性转换为可能性，还要在教学内容、教学方法及具体的教学设计方面下功夫，探索出融合教学经验，

---

① 展伟、王莉：《中国哲学融入"马克思主义基本原理概论"探析》，《教育理论与实践》，2019年第6期，第34~36页。

并推广运用于其他思想政治理论课。①

舒前毅主张"马克思主义基本原理概论"课程教学内容可融入人类命运共同体思想，他认为人类命运共同体思想全面有机融入"马克思主义基本原理概论"课程，既能有力提升思想政治理论课的教学实效，又有利于实现习近平新时代中国特色社会主义思想进教材、进课堂和进头脑的目标。②

王岩主张"马克思主义基本原理概论"课程教学内容可融入党的十九大精神，他认为深刻领会和把握党的十九大精神，使之"进教材、进课堂、进头脑"，是"马克思主义基本原理概论"课当下最紧迫的任务；要充分认识"马克思主义基本原理概论"的课程属性，掌握和运用马克思主义原理的基本观点和方法，把党的十九大精神与马克思主义基本原理有机结合起来，突出重点，抓住关键。③

胡绪明主张"马克思主义基本原理概论"课程教学内容可融入五大发展理念，他认为五大发展理念是习近平总书记治国理政新理念、新思想、新战略的重要组成部分，是对马克思主义世界观和方法论的自觉运用和创造性发展；将五大发展理念融入"马克思主义基本原理概论"课程教学，总体把握五大发展理念与"马克思主义基本原理概论"课程教学体系的内在逻辑是前提，系统推进五大发展理念与"马克思主义基本原理概论"课程教学内容有机衔接是关键环节，有效构建五大发展理念的教材话语体系与教学话语体系是必要条件。④

---

① 刘洋、沈佩翔：《习近平新时代中国特色社会主义思想融入思政课教学研究——以〈马克思主义基本原理概论〉课为例》，《思想政治课研究》，2018 年第 6 期，第 29~34 页。

② 舒前毅：《人类命运共同体思想融入〈马克思主义基本原理概论〉专题教学新探索》，《学校党建与思想教育》，2018 年第 23 期，第 49~51 页。

③ 王岩：《党的十九大精神融入〈马克思主义基本原理概论〉课教学的建议》，《思想理论教育》，2018 年第 1 期，第 60~65 页。

④ 胡绪明：《五大发展理念融入高校思想政治理论课教学的路径——以〈马克思主义基本原理概论〉课程为例》，《教育理论与实践》，2017 年第 33 期，第 43~45 页。

王秋菊主张"马克思主义基本原理概论"课程教学内容可融入中国传统文化,他认为中国传统文化是中华民族的宝贵精神财富,将其思想融入高校思想政治教育中,对提高教学效果具有重要意义。①

常百灵、罗慧主张"马克思主义基本原理概论"课程教学内容可融入遵义会议精神,他们认为遵义会议精神是马克思主义基本原理与中国革命实践、历史文化相结合的思想成果,包括实事求是、独立自主、民主团结、信念坚定等方面的内涵;做好教学内容的设计调整、教学方法的创新运用,实现遵义会议精神与"马克思主义基本原理概论"课程的有机融合,可以实现对遵义会议精神的传承和弘扬,提升"马克思主义基本原理概论"课程的教学实效。②

杨宏伟、刘栋主张"马克思主义基本原理概论"课程教学内容可融入经典原著,他们认为将经典原著融入"马克思主义基本原理概论"教学内容是解决重复教育问题、丰富基本原理内涵、防止教条主义的三重需要,融入时应坚持以基本原理为主导、保持基本原理整体性和基本原理联系社会实践的三条原则,注意处理好基本原理阐释与经典原著印证、引证式融入与精读式融入、纸质文本与电子媒介三个结合。③

赵传珍主张"马克思主义基本原理概论"课程教学内容可融入"四个全面","四个全面"的战略布局展示了当代中国在新的历史时期引领全国各族人民走向美好未来的治国理政"蓝图",是马克思主义基本原理与中国具体实际相结合的最新理论成果;把"四个全面"

---

① 王秋菊:《将中国传统文化融入"马克思主义基本原理概论"课程的思考》,《思想政治教育研究》,2017年第5期,第71~74页。
② 常百灵、罗慧:《遵义会议精神融入"马克思主义基本原理概论"课教学的思考》,《思想教育研究》,2017年第4期,第100~103页。
③ 杨宏伟、刘栋:《经典原著融入"马克思主义基本原理概论"课教学的探索》,《思想理论教育》,2016年第10期,第69~73页。

融入"马克思主义基本原理概论"课程教学体系，进行合理的教学理路探析，从融入的意义、内容以及方法三个方面回答为什么、是什么、怎么样在实践教学中有效实现两者的融合问题，彰显了"四个全面"融入"马克思主义基本原理概论"课程教学体系的必要性、可能性和价值性。①

马赛主张"马克思主义基本原理概论"课程教学内容可融入中国共产党革命精神，他认为中国共产党革命精神对提高"马克思主义基本原理概论"课程的教学效果、加强高校意识形态领域的建设能够起到很好的支撑作用；教师要把握好革命精神融入"马克思主义基本原理概论"课程教学的切入点，通过课堂研讨方式、社会实践方式与自媒体方式等实现革命精神与基本原理的有机融合，从而提升教学实效。②

李丽主张"马克思主义基本原理概论"课程教学内容可融入红色文化，他认为红色文化不仅是高校思想政治理论课教学的优质资源，而且是其课程教学的重要内容之一，高校思想政治理论课程教学融入红色文化，需选好侧重点、切入点和衔接点。③

潘金志、黄旺生、刘成城主张"马克思主义基本原理概论"课程教学内容可融入党的十八届三中全会精神，他认为"马克思主义基本原理概论"作为高等学校思想政治理论课的重要组成部分，应该在教学中及时融入党的十八届三中全会精神，体现"马克思主义基本原理概论"课程的时效性和实效性；"马克思主义基本原理概论"课程内容

---

① 赵传珍：《"四个全面"融入〈马克思主义基本原理概论〉教学体系的理路探析》，《社科纵横》，2016年第9期，第26~29页。

② 马赛：《中国共产党革命精神融入〈马克思主义基本原理概论〉课教学的若干思考》，《西部素质教育》，2016年第3期，第128~129页。

③ 李丽：《红色文化融入高校思政理论课程教学的思考——以〈马克思主义基本原理概论〉课为例》，《思想政治课研究》，2015年第6期，第19~22页。

和党的十八届三中全会联系密切，在该课程中融入党的十八届三中全会精神具有重要意义，可通过增强宣传贯彻意识，教师深入学习研究、自然融进相关教学和坚持长期贯彻落实等，更好地提升该课程的教学实效性。①

任燕红主张"马克思主义基本原理概论"课程教学内容可融入社会主义核心价值观，认为推动社会主义核心价值观融入"马克思主义基本原理概论"课程教学，在新形势下加强和改进大学生思想政治教育具有极为重要的意义；在融入过程中，把握社会主义核心价值观的内涵和作用，明确社会主义核心价值观与"马克思主义基本原理概论"课程的关系，探寻具体的方法创新策略，显得尤为必要和重要。②

李刚主张"马克思主义基本原理概论"课程教学内容可融入生态文明思想，他认为"马克思主义基本原理概论"课程包含的三部分内容都蕴含着深刻的生态文明思想。马克思主义唯物论认为，人类离不开自然界，对自然界具有根本的依赖性，人类必须尊重和善待自然界；马克思主义实践观认为，人类通过自己的活动将自身从自然界中提升出来，又在能动的实践活动中改造着自然，从而在实践的基础上实现人类与自然的一致和统一。③

三、关于教学模式之研究

总体来说，学界关于"马克思主义基本原理概论"课程教学模式

---

① 潘金志、黄旺生、刘成城：《十八届三中全会精神融入"马克思主义基本原理概论"课程策略》，《沈阳农业大学学报（社会科学版）》，2014年第4期，第444~447页。

② 任燕红：《社会主义核心价值观融入"马克思主义基本原理概论"教学的方法创新策略》，《学校党建与思想教育》，2013年第10期，第57~59页。

③ 李刚：《生态文明思想融入"马克思主义基本原理概论"课教学之中的思考》，《当代教育论坛（下半月刊）》，2009年第10期，第114~116页。

的讨论主要包括交互式范例语境授课模式、"两分两专"教学模式、"T5+P5"模式、FABE模式、"问题链导学"教学模式、专题式教学模式、"引领型互动"教学模式、研究型教学模式、问题式教学模式、开放性教学模式、PBL教学模式、辩证认知模式等。

刘建锋主张"马克思主义基本原理概论"课程教学可采用交互式范例语境授课模式，认为交互式范例语境下授课模式体现了"马克思主义基本原理概论"课程教学的本质要求，彰显了"马克思主义基本原理概论"的理论性、现实性和时效性；"马克思主义基本原理概论"课程交互式范例语境下授课模式的运作需要处理好范例授课与言传身教、教书育人、关注社会、现代科技以及教师主导和学生主体之间的关系。[1]

谢璐妍、王晶主张"马克思主义基本原理概论"课程教学可采用"两分两专"教学模式，认为"两分两专"教学模式符合高校思想政治理论课的特点，具有严密的专题框架、多样化的教学方法、灵活的考核形式以及全面的评价体系；它的实施能够推进教师讲授向自主学习转化，达到理论与实际的统一；能够强化教师的教学能力、科研能力以及体系转化能力；能够满足学生对教学自主性、自我性、平等性的需求。[2]

周恒利主张"马克思主义基本原理概论"课程教学可采用"T5+P5"模式，认为该模式有助于充分利用现代信息技术，践行自主、全面、创新、合作、终身等现代大学教育理念，可以极大地内化大学生

---

[1] 刘建锋：《"马克思主义基本原理概论"课交互式范例语境下授课模式探析》，《学校党建与思想教育》，2019年第13期，第67~69页。

[2] 谢璐妍、王晶：《高校思想政治理论课"两分两专"教学模式探析——以"马克思主义基本原理概论"课为例》，《思想理论教育导刊》，2019年第3期，第103~106页。

的理论知识，锻炼大学生的实践能力，培养大学生的综合素质。①

刘向舒主张"马克思主义基本原理概论"课程教学可采用FABE模式，认为该模式有助于提升大学生对课程的学习兴趣和动力。②

陈泳主张"马克思主义基本原理概论"课程教学可采用"问题链导学"教学模式认为，"问题链导学"教学模式适应"马克思主义基本原理概论"的特点和功能，实施以"问题链"为主线、以教师为主导、以学生为主体、以发展为主旨的"问题链导学"教学模式，对提高大学生创新能力、构建高校思想政治理论课教学方法创新体系、讲好思想政治理论课具有积极的推动作用。③

李晓晴主张"马克思主义基本原理概论"课程教学可采用研究型教学模式，研究型教学模式是培养学生学术精神和创新能力的一种有效教学形式，有助于切实增强学生的主体意识、学习意识、创新意识、团队意识以及综合能力。④

王代月主张"马克思主义基本原理概论"课程教学可采用问题式教学模式，问题式教学模式以马克思主义"现实的个人"理论为指导，彰显了马克思主义理论的人文关怀，将生命存在、世界观养成与价值提升有机结合，是提高"马克思主义基本原理概论"课程教学实效性的有益探索。⑤

---

① 周恒利：《"T5+P5"模式在思想政治理论课程建设中的实践——以"马克思主义基本原理概论"为例》，《山西高等学校社会科学学报》，2018年第8期，第62~66页。

② 刘向舒：《基于FABE模式的"马克思主义基本原理概论"课教学环节设计探索》，《教育教学论坛》，2017年第20期，第189~191页。

③ 陈泳：《"问题链导学"教学模式在"马克思主义基本原理概论"课的探索》，《内蒙古农业大学学报（社会科学版）》，2017年第1期，第84~87页。

④ 李晓晴：《研究型教学模式在"马克思主义基本原理概论"课中的实践》，《黑龙江高教研究》，2013年第7期，第165~167页。

⑤ 王代月：《"马克思主义基本原理概论"课问题式教学模式研究》，《思想教育研究》，2012年第5期，第56~59页。

张秉福主张"马克思主义基本原理概论"课程教学可采用开放性教学模式,他认为"马克思主义基本原理概论"课程教学模式由封闭走向开放具有必然性,开放性教学模式的构建应主要从教学理念、教学内容、教学方法、教学评价等方面的开放着手,"马克思主义基本原理概论"课程的开放性教学应处理好新与旧、放与收、内与外等关系。[1]

任晓丽主张"马克思主义基本原理概论"课程教学可采用 PBL 教学模式,他认为 PBL 教学模式有助于教师站在马克思主义的立场上,以马克思主义的基本原理为指导,运用马克思主义的方法去认识问题和解决问题,为"马克思主义基本原理概论"课程提供了一种新的教学改革思路。[2]

方同义主张"马克思主义基本原理概论"课程教学可采用辩证认知模式,该模式有助于提升该课程的教学实效性,但在具体实施过程中,教师必须处理好四个方面的矛盾关系,即科学与信仰的关系、理论与实际的关系、正确与生动的关系以及引导与自主的关系。[3]

四、总结与反思

综上所述,学界对"马克思主义基本原理概论"课程教学实效性进行了许多基于实践的创新性探索,为推动高校思想政治理论课的教学改革提供了有效动力。但是,在对既有研究成果进行分析后,笔者发现仍

---

[1] 张秉福:《论"马克思主义基本原理概论"课开放性教学模式的构建》,《学术论坛》,2010 年第 11 期,第 199~203 页。

[2] 任晓丽:《"马克思主义基本原理概论"引入 PBL 教学模式的探索》,《教育理论与实践》,2010 年第 1 期,第 55~57 页。

[3] 方同义:《两课教学辩证认知模式的运用——以"马克思主义基本原理概论"为例》,《宁波大学学报(教育科学版)》,2009 年第 4 期,第 39~42 页。

存在一些可提升之处：主要体现在研究内容应更加系统性、研究视野应进一步拓宽、研究的问题意识应切合时代变化这三个方面。

首先，研究内容细碎，尚未有系统体系。影响"马克思主义基本原理概论"课程教学实效性的因素有很多，除了学界目前广泛关注的教学方法、教学内容、教学模式等方面，还有许多其他关键因素，譬如教学艺术、人文环境等。目前学界关于"马克思主义基本原理概论"课程教学实效的研究虽然数量可观，但研究成果多为选取其中一方面为聚焦点进行论证，忽略了诸多影响因素之间的相互作用和相互牵制，明显呈现出碎片化倾向，不利于系统性分析和教学实效的改进研究。

其次，研究视野相对狭窄，需借鉴其他学科开展交叉研究。"马克思主义基本原理概论"课程作为高校思想政治教育理论课程体系中的基础性课程，具有理论性、抽象性、概括性等突出特点，为切实提升教学实效，必然需要有机结合教育心理学、社会学、逻辑学、文学、语言学等相关学科开展研究探索，在广泛借鉴和科学融入相关学科教学方法和理念的基础上，达到提升"马克思主义基本原理概论"课程教学实效性的目的。目前学界的相关研究多集中于课程本身教学内容、教学方法和教学模式，尚未出现系统有效的交叉研究。

最后，研究的问题意识应切合时代变化，与时俱进。"马克思主义基本原理概论"课程教学内容固然有其自身系统性和完整性的特点，学界研究的出发点也大多基于如何解决对教材内容的讲解和阐释问题。随着新时代对大学生培养要求的提高，"马克思主义基本原理概论"课程教学内容供给和教材体系建构应自觉提升问题意识，增强现实针对性，更多考虑时代进步背景下面临的重大理论、现实问题。① 因此，学

---

① 刘建军：《新时代搞好"马克思主义基本原理概论"课教育教学的科学指南——"原理"课教学深度融入习近平在纪念马克思诞辰200周年大会上讲话的理论思考》，《思想理论教育导刊》，2019年第5期，第99~104页。

界关于提高"马克思主义基本原理概论"课程教学实效的研究,应深度结合如何引导学生联系新时代实际学习"马克思主义基本原理概论"的重要观点、如何引导学生把握马克思主义的历史地位和当代价值等现实任务,促进教学实效性之提升。

第三编
思想政治教育与社会责任感培养论要

让青年学生普遍具有较强的社会责任感是思想政治教育工作的重要目标。本编主要选取两篇论文，从大学校园文化建设与大学生社会责任意识培育关系、提升大学生社会责任感之思政课渠道两个问题出发，探讨思想政治教育视角下当代大学生社会责任感之培养。

第一篇主要探讨了大学校园文化建设与大学生社会责任意识培育之关系。大学校园文化建设对大学生社会责任意识之培育具有重要的影响力。大学校园文化为大学生社会责任意识的养成提供了重要的环境。校园文化建设不仅可以增强大学生提升自身责任意识的自觉性，还可以引导大学生学会正确处理自身与他人、集体的相互关系，进而培育他们的社会责任意识。

第二篇主要探讨了提升大学生社会责任感的思政课渠道。高校思政课作为道德教育的主渠道，在培养大学生的社会责任感方面有着不可替代的优势。当前我国大学生社会责任感状况总体向好，但受到认知差异、家庭环境、学校教育和网络环境的影响，大学生依然存在自我意识较强、家庭观念淡薄、奉献精神缺乏、知行不统一的问题。高校思政课可以利用其在课程性质和课程内容上的独特优势，通过运用微文化平台、加强社会实践锻炼、丰富教学内容等三个方面的措施，落实好思政课培养大学生社会责任感的任务，进而为实现中华民族伟大复兴的中国梦培养强大的后备力量。

大学校园文化建设与大学生社会责任意识培育关系探析①

大学生社会责任意识之培育对于中国特色社会主义各项建设事业的顺利开展具有重要而深远的影响。在大学生社会责任意识培育方面，需要着重发挥和深入挖掘大学校园文化建设的作用。本文主要就大学校园文化与大学生社会责任意识培育的关系做专门的探讨。

一、大学校园文化建设与大学生社会责任意识的关联性

大学是培养人才的地方，也是思想活跃的场域，更是大学生思想文化交流的场域，大学应该重视校园文化建设。

（一）大学校园文化的功能

高校是向大学生传播科学文化知识和精神文明的机构，具有特殊的文化氛围。作为由全体师生共同创造的大学校园文化，在为大学生创造良好学习、生活环境的同时，对他们的心理、行为和意识等方面

---

① 该文原刊于《中共太原市委党校学报》2018年第2期。

也具有重要的影响。

首先,大学校园文化具有教育功能。教育对人的影响通常在不知不觉中形成,且大学校园文化对大学生的教育作用不在专业知识教育之下。可能许多年后,有的高校毕业生已经对自己的专业知识有所淡忘,但是校园的文化氛围、一草一木、一场道德讲堂等可能会永远留在他们心中。大学生在接受校园文化教育的同时,会在无形中内化为自己的习惯和规范。大学校园文化给他们创造了一个陶冶心灵的场所,以校风学风、文化传统、价值观念为表现形式对大学生的各个方面起指导性作用。大学校园文化所展示的高校精神就像一种黏合剂,可以使大学生产生归属感,增强凝聚力,促使他们关心集体、关心学校,自觉自愿把自己与学校融为一体,无形中会产生一种责任感和使命感。①

其次,大学校园文化具有情感功能。情感是人的一种复杂心理现象,人的情感是文化情感的基础,文化情感可以使人认识真理、追求真理。大学校园文化为大学生提供了一个成才环境,他们每天都会受到各种各样的文化信息的影响。只要内容健康、情感健康,不管哪种文化形态,都能起到激励学生进步的作用。校园里处处是文化,师生在经过"专业文化"的学习之后,还体会一些"业余文化",如欣赏一场音乐会、参加一场演讲比赛、跳一段优美的舞蹈等,这些都可以起到调节大学生身心的作用,可以消除他们心理上的疲劳和摩擦,协调人际关系,发掘其潜能。②

最后,大学校园文化具有社会功能。大学校园文化作为亚文化,不可避免地与社会有着联系,从某种意义上说,大学校园文化也是社

---

① 李苑静、林伯海:《习近平关于大学生社会责任意识培育思想探析》,《思想政治教育研究》,2016年第5期,第79~83页。
② 高萍美:《论网络空间大学生责任意识的培育形态》,《学校党建与思想教育》,2016年第3期,第21~23页。

会文化的反映。高校以其特殊的环境和氛围，使生活在校园中的大学生个体有意无意间实现了心灵、性格、精神的塑造，达到社会化的目的，使学生在知识技能、角色、政治、道德规范等方面都实现了社会化。而大学生走入社会后，也会把其所在高校的优良校风、自身的道德素养显现出来，带有学校的特色。①

（二）大学校园文化建设的特点

大学校园文化建设是一个系统性工程，既要遵循文化发展的一般规律，又担负着育人的任务。一般来说，大学校园文化建设具有如下特点：

首先，大学校园文化建设具有潜移默化的特征。文化由人创造，人又受到文化影响。大学校园文化具有很强的教育性质，生活在大学校园中的青年学生会不自觉地接受来自不同方面的教育，比如道德教育、责任教育、安全教育等，并最终汇入自己的三观。②

其次，大学校园文化建设具有层次性和多样性。层次性和多样性是不可分割的，从文化研究的角度来看，大学校园文化从浅到深，分为物质、制度和精神等多个层次。精神层次的文化是大学校园文化的核心，必须通过一定的形式表现出来。并且大学校园文化的载体是多样的，既有图书馆、宿舍楼、食堂等物质载体，也有山水、湖泊、喷泉等景观，还包括一些比赛、文化娱乐活动、社团活动、学术报告等人文载体。③

---

① 姬广凯、陈文玉：《论大学生社会责任意识的培养》，《黑龙江高教研究》，2016年第6期，第130~132页。

② 李苑静：《新中国成立以来我国大学生社会责任意识的变迁和反思》，《广西社会科学》，2016年第10期，第203~206页。

③ 马树锦：《当代大学生责任意识培养的若干思考》，《思想理论教育导刊》，2015年第12期，第130~132页。

最后，大学校园文化具有高雅性和范围广的特点。大学是培养社会所需要的高素质人才的摇篮，大学校园文化反映了高校师生的价值取向、思维方式和行为规范等。由于建设大学校园文化的是具有较高文化层次和人文素养的高校师生，他们所处的环境、所学的知识决定了他们的文化品位比一般群众要高。大学校园文化必须坚持高标准、高格调地去开展各种文化活动。①

（三）大学校园文化建设与大学生社会责任意识的逻辑关联

大学校园文化建设作为高校工作的一个重要方面，是新时期大学生社会责任意识培育的重要影响因素。大学生作为国家栋梁，承担着建设国家的使命，而大学生社会责任意识的强弱将影响到社会发展和国家前途。大学生的社会责任教育已经成为大学校园文化建设的一个重要着眼点。大学校园文化建设与大学生社会责任意识培育是相互贯通、相互促进的。具体表现在以下几个方面：

首先，大学校园文化建设与大学生社会责任意识的培育具有一致性。大学校园文化建设与大学生社会责任意识在对象、内容、任务等方面是有机统一的。大学校园文化建设的任务在于培养适应时代需要、具备现代素质的新型人才，必须具有高度的责任感；而大学生的社会责任意识是指他们对自己所承担的社会职责、任务和使命的自觉意识，要求他们在对自己负责的基础上，还要对所处的集体和社会负责，正确处理与他人、集体和社会的关系。一方面，大学校园文化建设统筹和囊括了大学生社会责任意识培养的内容和目标，另一方面，大学生社会责任意识的强弱也影响着大学校园文化建设。大学校园文化建设的过程中，大学生既是建设者，也是受益者，他们的社会责任感在无

---

① 张璐：《高校外语专业大学生责任意识教育的路径探讨》，《学校党建与思想教育》，2014年第9期，第71~72页。

形中得到培养，二者具有一致性。①

其次，社会责任教育是大学校园文化建设的重要内容。责任这个话题从古至今人们都在谈论。古有范仲淹的"先天下之忧而忧，后天下之乐而乐"以天下苍生为己任的精神，现有"国家兴亡、匹夫有责"的爱国情怀。然而，当今社会由于各种因素的影响，大学生的社会责任意识出现了相对弱化的现象，他们在规划自己未来的人生时，过于注重个人利益和个人目标，忽视了对国家和社会的责任，价值观受到严重影响。这种现象的出现对于社会的发展、国家的未来、大学生的身心等都易产生负面影响。高校要注重责任教育的内容和形式，培养和提高大学生的社会责任意识，注重文化建设的环境以及对大学生的影响。②

最后，大学校园文化建设是大学生提高社会责任意识的重要途径。大学生是社会的重要组成部分，也是社会主义事业的建设者和接班人。高校在培养学生专业素质的同时，也要重视提高大学生的社会责任意识。在提高社会责任意识的各种途径中，大学校园文化建设是一个重要途径。大学校园文化建设的方方面面都离不开责任因素。在高校举办的各种活动中，学生是主要参与者，他们在教师的指导下各司其职，每个人做好自己工作的同时，他们的社会责任感也在无形中得到增强。总而言之，大学校园文化建设是大学生提高社会责任意识的一个重要途径。③

---

① 夏雅敏：《基于系统思维的大学生社会责任意识培育路径研究》，《中国青年研究》，2013年第11期，第77~80页。

② 白君堂：《论当代大学生的社会责任意识和道德行为操守教育》，《学校党建与思想教育》，2013年第25期，第95~96页。

③ 刘微微、盖元臣：《论新时期大学生的社会责任意识》，《学术交流》，2012年第4期，第193~196页。

二、大学校园文化建设对大学生社会责任意识的积极影响

大学校园文化建设对大学生社会责任意识的培育具有积极的作用。大学校园文化给大学生社会责任意识的培育提供了良好的环境,有利于培养和提高大学生的自觉性,帮助大学生学会正确处理与他人、集体和社会的关系,更有利于帮助大学生树立正确的责任意识。

(一) 大学校园文化建设可以为大学生社会责任意识的培育营造良好的环境

良好的环境可以陶冶人的情操,净化人的心灵,提高人的素质。大学校园文化建设为大学生社会责任意识的提高营造了一个良好的环境。①

首先,大学校园文化建设可以为大学生提供良好的自然环境。高校的自然环境是与高校总体规划以及校园绿化相结合的。设计者对大学校园园林的规划不仅美化了校园环境,还传递着他们的设计理念和情感,有着强烈的教育功能。② 大学生在欣赏校园里的花草树木、亭台湖泊之时,不仅会产生"以美育人,以景育人"的情感,在享受美好风光后心里还会产生喜爱之情,喜欢上自己的学校,进而想要去了解它,以它为荣,不知不觉中会树立"为校服务、为校争光"的责任

---

① 朱立军、曹雷:《浅论和谐社会背景下大学生责任意识的培养》,《思想教育研究》,2012 年第 12 期,第 85~87 页。
② 彭媚娟:《论传统文化与大学生责任意识培养》,《理论月刊》,2011 年第 2 期,第 180~182 页。

意识。①

其次，大学校园文化建设可以为大学生提供良好的人文环境。大学是传承文化、教书育人的场所，大学校园里的人文环境与大学生的社会责任意识息息相关。例如，大学食堂里"粒粒皆辛苦"的标语，可以让大学生意识到食物的来之不易，养成节俭的好习惯；校园里"爱护花草、人人有责"的警示牌，可以让大学生树立环境保护意识等等。校园中的人文环境无形之中让大学生受到教育，他们的行为也会在不知不觉中变得规范，变得更具社会责任意识。②

最后，大学校园文化建设可以为大学生提供良好的精神文化环境。良好的校园精神文化氛围对于大学生的成长和发展有很大的帮助。高校里的校训体现的是一个大学的办学宗旨、办学特点和人文特性，是大学精神的集中体现。校训作为一种无形的力量，鼓舞、激励、感染着全体师生，影响着他们的一言一行。此外，良好的校风是一所高校办学的风格和风气，是高校精神的外在表现，会产生巨大的教育力量和价值导向，给全体师生带来潜移默化的影响。③

（二）大学校园文化建设可以帮助大学生正确处理与他人、集体和社会的关系

人不是单个的人，不是生物学意义上的人，而是社会人，总是与社会发生着联系。人在生活中要与他人、群体和社会接触。为此，大学校园文化建设要帮助大学生认清自己所处的社会位置和应负的责任，

---

① 胡庭胜：《论大学生责任意识教育及其实效性提升》，《思想教育研究》，2009年第10期，第81~83页。

② 许海元：《当代大学生生命责任意识现状及培养对策——基于大学生生命意识现状的调查》，《道德与文明》，2009年第3期，第96~99页。

③ 付洪：《关于当代大学生责任意识培养的一些思考》，《道德与文明》，2008年第6期，第84~87页。

主动承担对社会、集体和他人的责任。

首先，校园文化建设有利于大学生搞好人际关系。人是群居动物，总要与他人交流相处。人际关系是人类生活中的重要组成部分，良好的人际关系有利于提高学习、工作效率。大学校园文化建设包括大学生宿舍文化和班级文化等，也是大学生人际关系的重要载体。高校通过开展"宿舍文化节"等活动，有助于大学生在愉悦的氛围中搞好与舍友的关系，拉近彼此间心灵的距离。通过主题班会、班风等方面的班级文化建设，使得班级里同学与同学、班干部与同学之间的关系变得和睦，同学之间诚信友善，互相帮助，共同成长。在这样的氛围中，大学生的思想道德素质才会得到提升，从而为他们社会责任意识的培养和提高奠定了基础。[①]

其次，校园文化建设有利于增强大学生的集体观念。大学生是大学校园文化的积极参与者，是校园的主角。在各种学术社团中，大学生不仅是策划者、组织者，还是实施者，更是营造精品文化和建设和谐文化的主力军。大学生在参与社团活动的过程中，感受到社团这个集体的重要性，并体会到一项活动并不是一个人就能完成的，而是需要大家的共同配合，共同努力，进而逐渐认识到个人与集体的关系。以每个社团都要举办的迎新活动为例，它是为了对新成员表示欢迎，向他们传递大家庭的温暖，而这个活动就需要社团中的每个学生去参与、去设计、去合作，无形中增强了大学生的集体观念。[②]

最后，校园文化建设有利于激发大学生的奉献精神。人生价值是自我价值和社会价值的有机统一，人具有社会性，在实现自我价值的同时，不可避免地要和社会发生联系。当今部分大学生由于受到不良

---

① 王希俊：《强化大学生社会责任意识教育的思考》，《有色金属高教研究》，1992年第1期，第51~52页。

② 凌新华：《从社会化角度看当代大学生社会责任意识》，《湖北社会科学》，2006年第5期，第169~171页。

价值观的侵袭，比起社会责任，更加注重自我价值之实现。中国五千多年的文化宝库中关于奉献社会的话题由来已久，挖掘传统文化中古代先贤勇于承担责任的教育素材，可以激发大学生奉献社会的责任意识；国防安全教育可以加深大学生对国家安全形势的认识和保家卫国的责任感；校园展示板上关于"两个一百年"奋斗目标的内容，各种红色主题的宣传等，都使大学生无时无刻不在"关注社会，关心社会，回报社会，奉献社会"的氛围中逐渐认识到实现人生价值的最好途径是奉献社会。①

（三）校园文化建设有利于帮助大学生树立正确的角色和责任意识

角色是社会地位的外在表现，每个人在生活中都扮演着各种角色，每个角色都承担着不同的责任，大学生也不例外。大学生作为社会主义事业的建设者和接班人，必须清楚地认识自己的角色责任和义务。

首先，大学校园文化建设有利于大学生认识自己的角色。大学生作为高校中有梦想的青年群体，是大学校园文化的主体，大学校园文化建设要突出大学生的主体地位。大学生在开展各种活动的时候，既要用到自己的专业知识，也会用到自己的其他能力。大学生要明白自己所学知识不同于中学阶段，要更懂得学习的自觉性、灵活性和创新性，深入思考各种问题，努力与时代结合得更紧密。② 大学生要承担更重要的责任，他们个人的命运与国家的兴亡、与祖国的未来紧密相关。大学生要与时俱进，不断提高自身的素质，认清自己的责任和义务，提升时代感和使命感。

其次，大学校园文化建设有助于大学生自身未来职业的规划。大

---

① 赵金飞：《大学生理想信念缺失问题与思考》，《思想教育研究》，2006年第2期，第41~43页。

② 陈锡敏：《健全人格与大学生社会责任感》，《高校理论战线》，2005年第11期，第49~51页。

学生在初进校园后往往会对自己的未来有迷茫、有疑惑。之后在高校各种文化活动的影响下，会逐渐明确自己未来的发展方向。例如，学生社团工作可以给他们积累一些实践经验，让他们体会干一行、爱一行的责任感。各种技能大赛的举办，既能让大学生的专业技能得到提升，也能让大学生明白自己的不足，客观评价自己并努力提高自己。①通过参加志愿者服务，可以树立"奉献社会、服务他人"理念，把自我发展、社会责任和人生价值结合起来，选择崇高的职业。

最后，大学校园文化建设可以帮助大学生提高自己对家庭角色的认识。家庭是社会的细胞。对家庭责任的承担是个体最基本的责任。大学校园文化中关于优秀传统文化"孝悌"的宣传，道德讲堂对老人扶与不扶的讽刺，各种晚会中反映家庭责任主题的小品相声等，都可以让大学生身临其境，更加关注自己的家庭，关心家里的老人，体会父母伟大的爱，反思自己的责任与义务。②

三、在大学校园文化建设中培育大学生的社会责任意识要注意纠偏固本

大学校园文化建设对大学生社会责任意识之培育产生上述积极影响的同时，因受到各种不良因素的影响，也不可避免地会对大学生社会责任意识的培养与提高产生或多或少的异化效应。③

---

① 胡婷、秦俊、王琳：《近20年青年大学生责任意识教育的演变与挑战》，《高等教育研究》，2002年第3期，第93~96页。
② 许益锋、刘新秀：《基于立德树人的大学校园文化建设与社会主义核心价值观融合机制研究》，《高教探索》，2017年第9期，第125~128页。
③ 胡伯项、李江波：《社会主义核心价值观引领大学校园文化建设论析》，《教学与研究》，2017年第4期，第90~95页。

(一) 大学校园文化建设中容易出现大学生个体意识过于强化的趋势

当代社会对个性的认可为大学生个体意识的凸显提供了社会基础,他们在思想、行为选择上都表现出自身的个性特点。然而,如果过分强调个体意识,容易使大学生不注重团队合作,不考虑他人感受。在大学校园文化的多样性和层次性建设中,由于受到各种思想意识、价值观的影响,大学生往往容易产生重个人本位轻社会本位、追求生活的自我满足、过于注重自身利益的现象,忽略了对他人、集体和社会的责任。[1]

(二) 大学校园文化建设容易遇到多元化价值观的挑战

思想文化的多样性以及社会利益格局多元化的影响,催生了多元价值观。传统的道德价值逐渐淡化,大学生的价值取向呈现多元的趋势。[2] 大学生在与社会的接触中容易形成拜金主义、虚荣心旺盛等扭曲的价值观,他们在接受各种文化影响时没有树立正确的价值观,在规划未来时往往把个人利益摆在前面,却无视真正的社会需要、祖国需要,不利于国家的发展和社会的进步,更不利于自身的成长、成才。

(三) 大学校园文化建设中的异化效应容易影响部分大学生的择业观

随着经济的发展和时代的进步,人民的生活有了极大的改善。有

---

[1] 陆挺:《大学校园文化的隐性课程认知及建设路径探析》,《思想教育研究》,2017年第3期,第125~127页。

[2] 马平均、胡新保:《社会主义核心价值观融入大学校园文化建设的几点思考》,《思想教育研究》,2017年第1期,第56~58页。

些大学生在多元价值观的影响下,过于追求个人理想和目标,没有树立正确的就业观、择业观,他们往往缺乏艰苦奋斗的作风,不能吃苦耐劳。在各种学生社团中,他们往往把自己的个人利益放在首位。进入社会后,他们更倾向于那些福利高、待遇好的大城市,而不愿去农村或山村,贪图安逸,没有人生动力。①

综上所述,大学校园文化建设与大学生社会责任意识的强弱息息相关,发挥大学校园文化建设对大学生社会责任意识的促进作用,需要注意纠偏固本。

首先,在大学校园文化建设中要注意优化校园环境,突出社会责任教育的内容。大学校园文化通过校园环境中人们共同的价值观念和行为规范,不断影响和作用于大学生这个群体,从而实现教育人、服务人的功能。大学生在校园环境下成长,校园环境会影响大学生的价值观念,校园中的物质和文化形态都会影响大学生社会责任意识的提高。② 高校应该重视校园环境的建设,优化校园物质环境、制度环境和精神环境。在文化建设中,应该有目的、有计划地把社会责任教育的内容融入校园环境建设中,包括提高图书馆的藏书质量、举办高质量的学术讲座和高效的文化活动等,并且开展对大学生社会责任意识的专题教育,使教育内容更加符合时代要求,符合大学生群体的发展需要。③ 此外,大学校园文化建设还要通过关注社会热点、国际形势,将社会责任意识贯穿到大学教育的全过程,以此培养和提高大学生的社会责任意识。

---

① 蒋广学、张勇、徐鹏:《网络信息时代大学校园文化的建设主体和主体建设》,《学校党建与思想教育》,2016年第11期,第71~74页。

② 徐稳、杨素群:《论新媒体视域下的大学校园文化建设》,《学校党建与思想教育》,2016年第1期,第84~87页。

③ 蔡建光、张铁雄:《文化强国视域下体育文化对大学校园文化建设的作用》,《湖南科技大学学报(社会科学版)》,2015年第6期,第165~168页。

其次，大学校园文化建设要加强宣传主旋律，引导大学生树立正确的价值观。有些大学生受到经济利益的诱惑、家庭过分的溺爱以及社会形形色色负面因素的影响，价值观呈现出多元化甚至扭曲化。① 面对这种情况，高校应该重视开展思想政治工作，做好形势政策教育，加大对主旋律的宣传力度。一方面，把以爱国主义为核心的民族精神融入大学校园文化建设中，把爱国主义教育同当前的国情教育结合起来，同形势政策教育结合起来，让学生了解国情、了解国际形势，帮助大学生正确思考个人利益和国家利益的关系，增强大学生的社会责任感。另一方面，要把人生价值教育融入大学校园文化建设中，结合大学生成长的需要，引导他们在实践的基础上树立无私奉献的精神，树立正确的价值观。

最后，在大学校园开展各种文化活动，要注重实践性。高校应该加大各种文化实践活动的开展力度，包括学生社团文化活动、晚会、学术报告、志愿者活动等。这些活动的开展，在教师的指导下，大学生发挥主体性，在做好自身工作的同时，体会团队合作的精神，锻炼自身的能力。② 同时，也要以大学校园文化建设为载体，将社会责任教育寓于大学校园文化当中，在大学校园文化建设中积极探索和建立社会实践的保障体系、评价机制和长效机制。倡导和支持大学生参加生产劳动、志愿服务和公益活动。通过社会实践活动，大学生可以将理论知识和社会实践结合起来，增强其为人民服务的意识和社会责任感。

---

① 贾滕：《大学特色校园文化品牌建设探微》，《学校党建与思想教育》，2015年第5期，第84~85页。

② 王亚杰、乔建永：《加强校园文化建设 推动大学持续健康发展》，《中国高等教育》，2014年第20期，第9~11页。

四、结语

大学校园文化建设对大学生社会责任意识的培育有着重要的影响。大学校园文化为大学生社会责任意识的养成提供了重要的环境。校园文化建设不仅可以增强大学生提升自身责任意识的自觉性，还可以引导大学生学会正确处理自身与他人、集体的相互关系，进而培育他们的社会责任意识。

高校思政课培养大学生社会责任感研究①

我国自古以来就有重视青年学子责任意识培养的优良传统。大学生是中国特色社会主义现代化建设的重要推动者，他们责任感的强弱与中华民族伟大复兴中国梦的实现有着密切的联系。培养大学生的社会责任感是高校思政课的重要内容和主要抓手，抓住大学生社会责任感培养这一主要任务，就相当于抓住了大学生思想道德教育的关键。②本文主要对高校思政课培养大学生社会责任感的必要性、可行性、实施路径等进行系统性的探讨与分析。

一、高校思政课与大学生社会责任感培养的关联度

高校思政课在培养大学生社会责任感方面具有得天独厚的内容及形式方面的优势。具体而言，高校思政课有着培养大学生社会责任感必要性和可行性的内在要求，与大学生社会责任感培养之间具有极高的学理关联度。

---

① 该文原刊于《中共太原市委党校学报》2020年第6期。
② 习近平：《用新时代中国特色社会主义思想铸魂育人 贯彻党的教育方针落实立德树人根本任务》，《人民日报》，2019年3月19日，第1版。

（一）高校思政课培养大学生社会责任感是新时代提高大学生综合素养、形成健全人格的内在要求

进入21世纪以来，特别是党的十八大召开以来，国际政治形势动荡，社会矛盾和文化冲突日益加剧，经济全球化、政治多极化深入发展，文化多样化、社会信息化持续推进，各种良莠不齐的信息和西方民主价值观念在全球化大背景下对大学生的思想产生了诸多不利影响，如果不加以正确的引导，将对他们的身心健康造成不良影响，学生容易出现社会责任感缺失、国家和民族认同感淡化、集体观念淡薄、自我意识过强的问题，这对大学生健全人格的塑造是一个极大的挑战。① 在新时代背景下，增强大学生的社会责任感就变得尤为重要。思政课作为道德教育的主阵地，在增强学生的责任感方面有着其他学科不可比拟的优势，尤其是高校的思政课，具有授课内容丰富、教学方式多样、考核方法灵活的特点，能够使大学生从理论、制度、历史、道德和法律等方面上了解我国的历史和社会，增强国家认同感和民族凝聚力，通过参与课堂活动和课外实践增强集体意识和团队合作意识，通过完成作业和总结反思提升大学生的思想道德修养和实践能力，因此，利用好高校思政课来增强大学生的社会责任感，对于提升学生的综合素养、形成健全人格具有重要作用。

（二）高校思政课培养大学生社会责任感是新时代落实大学生核心素养发展要求的重要途径

为把立德树人的要求落到实处，教育部于2014年提出要对中国

---

① 王冕：《以结构方程模型探究大学生社会责任感对其参与社会实践情况的影响路径——以A大学为例》，《现代教育科学》，2019年第11期，第7~12页。

学生发展的核心素养进行研究，这意味着中国学生的道德教育有了更加明确的培养方向和要求。作为落实立德树人根本任务的重要举措，中国学生发展的核心素养中关于责任担当的阐述明确规定了学生在社会责任、国家认同、国际理解三个方面应该达到的要求，包括对自己和他人负责、崇尚自由平等、热爱并尊重自然、增强国家认同感、理解人类命运共同体等方面的内容。① 思政课作为道德教育的重要途径，应该充分利用好一切可以利用的资源，引导大学生形成正确的价值观念，使大学生在学习和感悟中真切体会到自己所应承担的责任与使命，从点滴的行动中强化大学生服务他人、服务社会的责任感与使命感。

（三）高校思政课培养大学生社会责任感是新时代培育和践行社会主义核心价值观的必要途径

社会主义核心价值观是我国在社会主义建设过程中逐步形成的能够指导国家建设和社会进步的价值观念，它从三个层面规定了中国特色社会主义的价值追求，是社会主义核心价值体系的高度凝练和集中表达。社会责任感与价值观密切相关，大学生社会责任感的强弱是其价值观的重要表征。培育和增强大学生的社会责任感，不仅是提高大学生思想道德修养和促进他们全面发展的内在需要，也是培育和践行社会主义核心价值观的重要途径。② 在新时代背景下，加强对大学生责任感的培养，对于培育和践行社会主义核心价值观具有重要作用，高校思政课应充分利用课程本身的德育性质，强化对大学生社会责任感的培养，引导他们形成正确的价值观念，增强政治认同感和国家自豪

---

① 刘鹏程、张达盼、刘玉卓、唐丹：《新时代大学生社会责任感培育研究》，《吉林省教育学院学报》，2019 年第 11 期，第 11~14 页。

② 习近平：《青年要自觉践行社会主义核心价值观——在北京大学师生座谈会上的讲话》，《人民日报》，2014 年 5 月 5 日，第 2 版。

感,培养他们勇于担当、乐于奉献的精神,真正将社会主义核心价值观内化于心、外化于行,用正确的价值选择引领实践活动。大学生作为实现中华民族伟大复兴中国梦的后备力量,他们正确价值观的形成对于社会文明程度的提高有着重要意义,因此,通过思政课增强对大学生的社会责任感教育有助于整个社会积极弘扬和践行社会主义核心价值观,推进社会主义精神文明建设。①

(四) 高校思政课培养大学生社会责任感是新时代大学生自觉担当民族复兴大任的必然要求

随着"两百年奋斗目标"的持续推进,作为高素质人才的大学生已经越来越成为促进我国经济社会发展的中坚力量,他们必将逐渐成为推动我国现代化建设的主力军。大学生社会责任感的强弱关系到我国社会主义现代化强国的发展进程,培养大学生的社会责任感是大学生自觉担当民族复兴大任的必然要求,是大学生实现个人价值和社会价值的重要途径,也是大学生将个人理想融入国家发展实践的重要保证。② 一代人有一代人的使命,新时代青年追求美好生活的步伐应该始终与国家发展紧密相连,在维护民族团结和社会稳定方面贡献自己的力量,扮演好"追梦人"和"圆梦人"的角色。高校思政课应该紧抓"培养什么样的人、怎样培养人、为谁培养人"的根本问题,切实加强大学生的社会责任感教育,使大学生自觉树立为国家富强和人民幸福而努力奋斗的意识和信念,积极投身于中国特色社会主义现代化建设的伟大征程中。

---

① 朱理鸿:《论以雷锋精神引领大学生网络空间社会责任感培育》,《中国多媒体与网络教学学报(中旬刊)》,2019 年第 7 期,第 237~238 页。
② 刘琼芳:《"互联网+"时代下 90 后大学生社会责任感培育机制研究》,《湖北师范大学学报(哲学社会科学版)》,2019 年第 3 期,第 147~150 页。

二、当前我国大学生社会责任感存在的问题

随着我国全面深化改革进程的不断加快,党和国家对大学生社会责任感的培养越来越重视,社会各界也更加关注对大学生的责任感教育。[1] 总体上看,我国大学生具有较强的社会责任感,但也有部分大学生存在社会责任感淡化甚至缺失的问题。

(一) 有的大学生自我意识过强,缺乏社会关怀

当代大学生多出生于20世纪末21世纪初,他们成长环境较安逸,在其成长过程中比较重视自身的发展情况,更关注自我责任的实现。比如,对自己的未来有较清晰的规划,力求顺利毕业并找到满意的工作,更加注重个人的获得感,自我意识过强。与此相对应的是大学生社会关怀的缺乏,如有的大学生对社会问题漠不关心,集体荣誉感淡化,对国家大事持"事不关己,高高挂起"的态度,缺乏应有的正义感。有的大学生由于互联网和信息技术的快速发展,对电子产品和智能设备的依赖性越来越强,将大部分空闲时间都花在打游戏、网购、刷微博和看娱乐节目上,更加注重自身的愉悦需求,缺乏对国家大事的关注,对一些社会热点问题和国家形势知之甚少,只沉浸在自己的世界中,更不会主动参与国家政治生活。这些问题最终会导致他们以自我为中心,缺乏大局意识和公民意识,对国家的政治认同感较低,不利于他们将个人理想与国家发展相结合。[2]

---

[1] 胡圣知:《大学生社会责任感培育刍议》,《学校党建与思想教育》,2019年第16期,第69~70页。

[2] 陈敏:《大学生社会责任认同的内涵把握与特点辨析》,《思想教育研究》,2018年第6期,第42~45页。

(二) 有的大学生注重个人功利，缺乏奉献精神

改革开放以来，我国经济发展迅速，社会各方面都发生了重大变化，快节奏的生活使社会变得越来越浮躁，来自现实生活的压力使年轻人将重心都放在工作和提升自我上，无暇顾及社会其他人的生活，这样的社会氛围也在不知不觉中影响了大学生的价值选择。[①] 一方面，有的大学生在学习上首先考虑的是能不能顺利通过考试，能不能拿高分和奖学金，很少考虑踏实学习给自身综合素养带来的好处，在学习内容的选择上，他们更多重视专业课程的学习，而对公共课尤其是思政课的学习多停留在应付考试的层面上，只是将上大学当作自己必要的人生经历和谋取理想工作的阶梯，没有真正将读书当作提升自己综合素养的钥匙。[②] 另一方面，虽然相当一部分大学生在大学期间参与过志愿服务，但大多是在社团组织或学校的强制性要求下进行的。他们为了方便就业，在专业选择上总是优先考虑较热门的专业，对冷门专业置之不理，在职业选择上也重点考虑一些体面又高薪的工作，为未来的长远发展做打算，更向往大城市的生活，很少有人会主动去偏远地区为国家建设做贡献，这种人才分布不均衡最终会给现代化进程带来不利影响。

(三) 有的大学生家庭观念淡化，感恩意识缺乏

现阶段我国大学生群体中，独生子女占很大的比重，他们从小生长在较稳定的社会环境中，家长溺爱孩子的现象较常见，有的甚至是无条件的顺从孩子，这就使大学生从小在被保护的状态下成长，缺乏

[①] 易梅、田园、明桦、黄四林、辛自强：《公正世界信念与大学生社会责任感的关系：人际信任的解释作用及其性别差异》，《心理发展与教育》，2019年第3期，第282~287页。

[②] 强怡星、任姣姣、刘洋、王格：《基于公益活动的大学生社会责任感培养路径分析》，《文化创新比较研究》，2019年第12期，第167~168页。

主动关心父母的意识，甚至认为父母的关心和付出都是理所当然，对父母缺乏感恩意识。① 一方面，信息化时代的大环境使大学生沉溺于玩手机、打游戏、看直播、刷短视频等休闲娱乐活动，与父母家人缺乏沟通，做事情只站在自己的角度考虑问题，很少关心父母的想法，自我意识过强。另一方面，大学生正处于步入社会之前的过渡期，在大学校园这个比较自由的环境中，有的大学生会更排斥长辈的管教，往往把父母的关心和教诲当成约束，不愿意听取他们的意见，只有需要父母时才会想起来和父母交流。大学生若出现这样的问题，不仅会对其自身健全人格的塑造带来不利影响，而且会给家庭情感带来伤害，不利于和谐社会的构建。

（四）有的大学生责任意识与责任行为分离，知行不一

大学生由于受到家庭环境、学校环境、社会环境的影响，存在自身的实际行动与价值取向相脱节的现象。根据相关调查，当代大学生虽然具有一定的社会责任意识，但缺乏践行责任意识的行动。② 比如，有的大学生表示非常愿意参加志愿活动，却没有实际的行动；在生活中，有的大学生常说要乐于助人、甘于奉献，但当真正有人需要帮助时，他们却表现出了犹豫不决的态度；在学习上，有的大学生能够意识到自己应该好好学习、对自己负责的重要性，但实际上会出现上课不认真听讲的现象。以上这些现象表明，有的大学生虽然接受了正确的价值引导，但没有完全内化于心，没有将这些正确的价值观念外化于行，知与行之间出现了严重的脱节现象。因此，在高校思政课教学

---

① 季爱民、谭晓爽：《关怀伦理视阈下大学生责任意识培育研究》，《学校党建与思想教育》，2019年第7期，第36~38页。
② 魏进平、刘泽亚、杨易：《90后大学生社会责任感现状调查与分析——基于全国54所高校5237名大学生样本》，《武汉理工大学学报（社会科学版）》，2016年第2期，第299~303页。

实践过程中，容易出现学生实际的思想道德水平与教师所期望的水平有一定差距的情况，这就需要思政课教师分析学生的实际水平并改进教学方案，切实增强学生学习的主动性，提高大学生的思想道德素质，促进学生向知行合一的方向发展。①

三、当前我国大学生社会责任感存在问题的原因分析

当前我国大学生社会责任感存在问题的原因是多方面的，既有大学生自身的因素，也有来自家庭教育、学校教育及周围环境的因素。

（一）自我认知不清，角色定位模糊

一方面，大学生从高中阶段紧张的学习环境中直接进入大学校园，所处环境比较单纯，心理发展不够成熟，接触的人和事物比较少，对社会的认知不够充分和全面，对自身责任缺乏正确而全面的认知；他们在家庭和学校中长期处于被保护的地位，自身缺乏独当一面的勇气和能力，由于社会实践的相对缺乏，在面对问题时容易表现出逃避的心理，不能正面自己的社会责任，容易出现知行不一的问题。② 另一方面，大学生在进入大学前一直扮演着学生的角色，进入大学后也一直以学生的身份定位自己，仍然置身于"象牙塔"这个较单纯的环境里，缺乏在大量社会实践中感知社会责任的环境与机会。也正因为如此，大学生不能明确自身在社会中的角色定位，缺少对公民角色的理解和认同，也无法将社会责任意识转化为社会责任行为。

---

① 谢莉、杨海涛：《共情、社会责任感与大学生志愿服务教育的实证研究》，《江苏科技大学学报（社会科学版）》，2019年第1期，第103~108页。
② 周明星：《当代大学生社会责任感培养的五个维度研究》，《思想政治教育研究》，2018年第6期，第155~159页。

(二) 家庭教育理念偏差，责任感教育引导不足

家庭教育是孩子教育的启蒙，家庭教育在大学生社会责任感培养方面也起着基础性的作用。部分大学生社会责任感出现问题，与其家庭教育理念偏差是有很大关联的。首先，家长对孩子过分溺爱和包容，为孩子包办一切，导致孩子缺乏独立生活的能力和意识，这就使相当一部分大学生缺乏吃苦耐劳的精神。其次，家长对孩子的教育多是督促他们好好学习，提高成绩，不注重孩子道德品质的提高，忽视孩子生活责任的养成，有的家长甚至以影响学习为由阻碍孩子与其他同伴过多接触，阻碍了孩子与他人的交流，致使孩子逐渐滋生出以自我为中心的不良心理倾向，对家庭习惯性地索取，很少有为家庭负责任的意识，导致大学生感恩意识淡化。

(三) 高校重视程度不足，思政课优势发挥不充分

毫无疑问，学校教育是培养大学生社会责任感的一个重要途径。目前我国高校虽然开展了对大学生的社会责任感培养教育，但不够体系化。[①] 一方面，有的高校在责任感培养目标上不够具体，培养方式单一，以理论讲授为主，缺乏与实践活动的结合，难以调动大学生的积极性，并且在培养过程中不注重大学生的专业差异，从而导致责任感培养与学生的接受能力和现实需要不相符的问题，难以提高大学生社会责任感培养的时效性。另一方面，高校思政课作为大学生社会责任感培养的主渠道，在学校教育中发挥着不可替代的作用，但目前我国部分高校思政课在培养学生社会责任感方面还存在一些问题。首先表现在教学内容的选择上，多以理论知识为主，不能激发学生的学习兴

---

① 陈志兵、谢清彬：《大学生自我控制能力与社会责任感的关系研究》，《集美大学学报（教育科学版）》，2019年第1期，第44~48页。

趣；其次，在教学方法上，以单一的理论灌输为主，学生无法融入课堂，难以产生情感共鸣。①

（四）网络不良信息泛滥，消极思想传播广泛

随着信息化建设的深入发展，网络媒介已经成为信息传递的主要载体，微信、微博、微视频等成为大学生活中不可或缺的信息获取渠道。然而，由于诸多因素的共同影响，大学生在通过网络获取信息的同时，也对他们的价值取向和思想道德意识带来了不良影响。② 一方面，当今社会泛娱乐化现象越来越普遍，微媒介正是抓住了这一市场特征，不断传播娱乐化的信息，使大学生越来越倾向于接受并关注娱乐资讯，忽视对国家大事和国际形势的关注，导致大学生的国家责任感和政治认同感淡化，缺乏自觉服务人民、奉献社会的责任感和使命感。另一方面，相关部门对网络信息的筛选和过滤技术不成熟，这就为一些不法分子提供了可乘之机，在网络媒介上肆意散布有损国家形象的不实言论，放大社会的黑暗面，损害政府公信力，传播一些不利于大学生身心健康发展的视频图片，弱化大学生对国家的自信心和民族自豪感，使大学生逐渐失去履行社会责任的动力。同时，这也为西方国家的意识形态渗透提供了可能，趁机散布西方的自由民主主义和个人功利主义思想，宣扬所谓的普世价值观等，企图颠覆我国大学生的价值观念，而思想较开放的大学生很容易受到西方价值观的误导，

---

① 王越芬、商琳：《当代大学生社会责任感现状调查与分析——基于东北地区五所高校大学生的实证调查》，《教育与教学研究》，2018年第4期，第46~52页。
② 谢忠强、邢锐锐：《校园无线网络全覆盖对大学生影响的理论分析》，《天中学刊》，2018年第2期，第146~149页。

影响他们社会责任感的养成。①

四、高校思政课培养大学生社会责任感的实施路径

在实现"两个一百年"奋斗目标的关键期，运用合理高效的策略来增强大学生的社会责任意识已经变得至关重要。② 在高校思政课上培养大学生的社会责任感，不仅要设立合理的教学目标，还要选取高质量的教学内容，运用适当的教学模式和方法，在整个教学过程中融入责任感教育，以达到在思想政治课上培养学生社会责任感的目的。③ 具体而言，高校思政课可以通过微文化平台、创新教学模式、丰富教学内容等拓宽培养大学生社会责任感的实施路径。

（一）利用微文化平台，强化责任担当意识

当今社会，手机已经成为我国大学生不可缺少的一部分，以手机为载体的微文化平台更是为大学生的生活提供了便利，但由此带来的不良影响也影响着大学生的思想意识。④ 在信息化时代，高校思政课要顺潮流而为，充分利用微文化平台的优势，加强对大学生社会责任感的培养。

首先，要把握住微平台的大众性特点，用大学生喜闻乐见的方式

---

① 陈树文、林柏成：《新时代做好大学生社会责任感培养工作的四个维度——以习近平的青年思想政治教育工作理论为指导》，《思想理论教育导刊》，2018年第2期，第133~136页。

② 王琴、董春辉、应万明：《基于角色理论的大学生社会责任感培养体系探究》，《内蒙古师范大学学报（教育科学版）》，2019年第1期，第20~25页。

③ 刘洋、李建宁：《论中国传统孝文化对大学生社会责任感培养的价值》，《教育理论与实践》，2018年第6期，第38~40页。

④ 蒲清平、张伟莉、赵楠：《微文化：特征、风险与价值引领》，《中国青年研究》，2016年第1期，第64~69页。

和表现形式弘扬主旋律,用大学生更乐于接受的语言传播社会正能量,拉近与大学生之间的距离,更有利于社会责任感教育。①

其次,利用微平台灵活性的特点,构建更加深入人心的学习内容,如与教学内容相关的微视频、挑战答题等,使学生转变学习态度,由拒绝被动转变为积极主动,也能够在不经意间增强大学生的责任意识。

最后,面对国外意识形态的渗透,我国要利用微平台自身的特点,将影响大学生社会责任感培养的不利因素降到最低,最大限度地发挥微平台的优势,牢牢把握住网络平台的主流话语权,强化大学生的社会责任感认同。②

(二) 创新教学模式,加强实践锻炼

高校思政课要在理论学习的基础上,引导大学生树立正确的价值观,并将社会责任感教育贯穿始终。如前所述,当前大学生社会责任感缺乏的一个主要原因就是与社会实践脱节,大学生参加的社会实践活动过少。因此,高校思政课教师在教学过程中要结合学生身心发展实际和学习内容的情况,创新教学模式,灵活调整课程考核方式,适当安排组织一些集体实践活动,增强学生的集体观念,培养学生的爱国主义精神,切实增强学生的社会责任感。③

在思政课堂上,教师可以结合时政热点组织多种形式的主题竞赛,如小组辩论赛、专题讨论会、演讲比赛等,这就使得大学生在参与的过程中增强了团队协作意识,在搜集查找时政热点的过程中了解国家

---

① 郭珍磊、尹晓娟:《当代大学生社会责任感的培育路径研究》,《成都中医药大学学报(教育科学版)》,2018年第1期,第29~31页。
② 曾妍、徐江、郑军:《"一带一路"背景下提升大学生社会责任感的教育路径》,《教育教学论坛》,2018年第28期,第4~5页。
③ 肖慧、刘小燕:《地方高校大学生社会责任感培育现状及应对策略》,《长江大学学报(社会科学版)》,2018年第6期,第98~101页。

大事，提高自学能力，在活动后他们会产生对集体、对自我的自信感和荣誉感，能够培养他们对自己负责、对他人负责的意识，也能够增强他们对民族、国家的自豪感和认同感，使他们真切体会到自己所肩负的责任和使命。①

在思政课堂外，教师要鼓励、引导学生积极投身于社会公益活动，如到乡村学校支教、组织爱心募捐、进行环保宣传等，通过这些实践活动使大学生认识到自己是社会的一分子，提高他们实践能力的同时激发和增强他们的社会责任感。②

（三）丰富教学内容，紧密结合实际

思政课是德育与智育相结合的课程，具有鲜明的时代性特征。思政课教师传授给学生的理论与思想应该是与时俱进的，但由于教材编写的相对滞后性，这就需要教师在选择教学内容时多关注时政，紧跟时代潮流，凸显时代性特征，尽量贴近学生生活，符合大学生的实际需要，并选取有利于大学生思想道德发展的素材与资料，及时对教材内容进行补充和说明，这样既能拓宽学生的视野，也能够培养学生关心国家、关心社会的责任感和使命感。③

思想政治课是学校德育的主要阵地，也是爱国主义教育的主要阵地。④ 在思政课教学实践中，教师通过对学生进行科学的时政教育，

---

① 艾楚君、焦浩源、宋新：《大学生社会责任感的时代内涵及其培育路径——基于60位全国大学生年度人物先进事迹的文本分析》，《思想理论教育》，2018年第8期，第102~107页。

② 钟凯：《互联网时代大学生社会责任感元分析及对策研究》，《南京邮电大学学报（社会科学版）》，2018年第5期，第75~81页。

③ 吴淑娟、王吉祥：《大学生社会责任感协同教育机制探究》，《长江大学学报（社会科学版）》，2018年第6期，第102~104页。

④ 张媛聆、欧阳丽君：《自媒体对大学生社会责任感的冲击与高校思政教育方式的改进》，《延边教育学院学报》，2018年第4期，第29~32页。

能够激发学生的爱国热情，增强学生的民族凝聚力和国家认同感。思政课除了发挥教师教学的主体性，培养大学生的社会责任感外，还可以充分调动大学生作为学习主体的积极性，引导他们在参与的过程中实现社会责任感的主动升华。① 例如，思政课教师可以引导大学生自行查阅并收集近年来我国在国防科技、国计民生等方面取得的重大成就、习近平总书记在纪念改革开放40周年、马克思200周年诞辰、五四运动100周年大会上的重要讲话等，这些内容都可以使学生自觉地感受到祖国的发展，产生自豪感，增强其责任感与使命感，激发其学习热情。久而久之，大学生自己查阅资料、关注时政就会成为一种习惯，这也提高了他们自我学习与探究的能力，培养了他们观察与分析问题的能力，促使他们逐渐成长为一名关心他人、关心国家的有志青年。

五、结语

大学生的社会责任感是指大学生结合内心的道德准则和社会发展状况而产生的承担社会发展重任、贡献自身力量的自觉主动情感态度和价值选择。思政课作为学校德育的重要阵地，在培养大学生的社会责任感方面起着不可替代的作用，学校和教师应在素质教育的大框架下，结合高校思政课对大学生的培养要求，充分发挥思政课在立德树人方面的独特优势，积极引导大学生树立正确的三观，把对大学生社会责任感的培养放到重要的位置上，努力为社会主义现代化建设培养负责任的建设者和接班人。

---

① 王吉祥、吴淑娟：《大学生社会责任感教育中的协同育人路径探究》，《扬州大学学报（高教研究版）》，2018年第5期，第83~87页。

第四编
思想政治教育纠偏功能论要

由于各种因素的综合影响，当代青年学生思想政治教育实践中难免会出现一些这样或那样的偏差。故而，对当代青年学生思想政治教育中的纠偏研究就显得尤为重要了。本编选择的三篇论文主要针对青年学生思想政治教育中对生命价值教育重视、融入程度不够，当代大学生诚信缺失现象客观存在、大学生网络道德存在失范现象等，探讨了当代青年学生思想政治教育纠偏问题。

第一篇主要分析了如何将生命价值教育融入高校思想政治理论课当中。近年来，大学生自戕事件时有发生，高校生命价值教育愈显重要。为了充分发挥思想政治理论课的生命价值教育功能，在思想政治理论课中渗透生命价值教育应遵循以人为本、渐进性、渗透性、积极性、具体性、现实性的原则，努力实现思想政治理论课程中生命价值教育理念的创新、教学模式的创新，提高教师人文关怀意识和生命价值教育能力。将生命价值教育有机融入高校思想政治理论课，可以帮助和引导大学生牢固树立尊重生命、关怀生命和珍惜生命的意识，并形成科学、正确的生命价值观。

第二篇主要研究了当代大学生诚信缺失现象及其纠正策略。诚信是公民基本的品德规范，也是衡量其素质修养的重要指标。加强大学生诚信教育是建设社会主义精神文明、促进社会主义市场经济健康发展的必然要求。然而，受诸多因素影响，当代大学生出现了或多或少的诚信缺失问题。针对造成当代大学生诚信缺失现象之原因，要有效提升大学生诚信品质，需要加强社会、学校、家庭的诚信教育，大学生自身也要有坚定的诚信信念并在实践活动中努力培育自身的诚信品质。

第三篇主要探讨了大学生网络道德失范现象及其教育干预。随着网络的普及，网络越来越成为当代大学生日常学习和生活的重要领域。然而，网络为大学生的学习、生活带来极大便利的同时也不可避免地带有一定的负面影响，其中道德失范问题尤为突出。面对这种两难境地，教育者应从客观实际出发，积极进行教育干预。

生命价值教育融入高校思想政治理论课探析[①]

生命对于每个人来说都是无比珍贵的，但近年来大学生自残、自杀事件时有发生，让人痛心不已。他们这种不尊重生命、漠视生命的行为，与其自身不正确的生命价值观有着不可分割的关系。为了帮助大学生树立正确的生命价值观，减少其暴力及漠视生命的极端行为，必须加强对大学生的生命价值教育。生命价值教育作为一种新兴的教育思想，与思想政治教育有着密切的联系，对于大学生健康人格的形成有着重要的意义。但由于我国对这一教育思想及其理论知识的研究历史较短，并没有形成单独且专业的课程，故在当前将生命价值教育与思想政治理论课巧妙地结合在一起，在高校思想政治理论课中渗透生命价值教育，对大学生的健康成长和社会的和谐发展都有着重要的意义。

---

① 本文原刊于《南昌师范学院学报》2019年第1期。

一、思想政治理论课与生命价值教育之间的联系

(一) 生命价值教育的内涵及其重要性

生命价值教育是教育者运用一定的教育手段或方式,引导受教育者正确认识生命的本质,充分认识生命的价值及其意义,丰富受教育者的人生,提高其生命质量的一项实践活动。一般而言,生命价值教育主要涉及四个方面的内容:一是自我身心关系,引导人正确认识自我,使人的生理和心理协调发展;二是个人与他人的关系,培养合作、互助、平等、宽容的精神,创造人与人之间的和谐互动;三是个人与社会的关系,维持个体性与社会性的对立统一;四是人与自然的关系,协调好人的生命与自然环境中其他生命的价值冲突,尊重生物多样性与自然规律。

大学生作为一个特殊又重要的群体,他们中的一些人对待生命显得随意、冷漠,自杀和暴力事件时有发生。生命只有一次,值得我们每一个人珍视。[①] 在大学生当中开展生命价值教育是为了让大学生更好地理解生命的意义,使他们能够珍惜并尊重生命,在有限的生命里努力实现自己的人生价值和社会价值。

进行生命价值教育的重要性主要体现在以下两个方面:一方面,进行生命价值教育可以帮助大学生科学认识生命的真谛,理解生命的本质。只有适当进行生命价值教育,才能使大学生用正确的态度对待生命,对待生死,树立正确的生命观。[②] 另一方面,对大学生进行必要

[①] 胡芮:《生命伦理教育价值、路径及其超越》,《中国医学伦理学》,2019 年第 10 期,第 1343~1348 页。

[②] 龚秋玲:《生命教育:体育教育的价值拓展与实现》,《体育科技文献通报》,2019 年第 11 期,第 148~150 页。

的生命价值教育有利于培养其健全的人格,帮助他们在人生道路上取得成功。面对激烈的社会竞争,只有进行生命价值教育,才能使大学生勇于面对生活中的困难和挑战,树立正确的价值观、人生观、世界观。①

(二) 生命价值教育与思想政治教育课之间的契合性

生命价值教育和思想政治教育两者都重视人本身的发展。生命价值教育可以引导受教育者认识到生命的珍贵,让受教育者自觉珍爱生命本身;生命价值教育强调对生命的关怀、对生命的指引以及帮助受教育者提升生命价值方面的认识。思想政治教育则侧重从生活实际着手,引导受教育者在现实的社会关系中认识自我、认识人生,促使受教育者积极实现社会价值和人生价值。思想政治教育课旨在通过一系列课程的学习,塑造受教育者的世界观、人生观、价值观,实现塑造人、发展人的目标,从而达到培养新时代社会主义接班人的目的,同样重视人的发展。②

生命价值教育和思想政治教育两者之间存在密切的联系,后者的开展是在前者的基础上进行的。思想政治教育倾向于在受教育者拥有较高的自我控制、自我激励、自我监督、自觉自为能力的基础上才能达到对受教育者的精神引领。要实现这样的目标,需要以受教育者的健全人格、身心健康、精神独立为前提。③ 而生命价值教育则从生命本身出发,引导受教育者由自身向他人、小我到大我再到国家与社会的

---

① 魏自涛:《高校思想政治理论课渗透生命教育初探》,《学校党建与思想教育》,2013年第9期,第64~65页。
② 任晓伟:《关于在高校思想政治理论课程中渗透生命价值教育的几点思考》,《思想教育研究》,2013年第3期,第77~81页。
③ 戚莹、王焱:《道家生死观对当代大学生生命教育价值的启示》,《文化学刊》,2019年第7期,第160~162页。

教育方法，更有利于培养受教育者的健全人格，更能使受教育者认识到生命的珍贵和价值，从而在人生的旅途中积极作为。由此说来，思想政治教育要想取得预期的教育效果，必须先对受教育者进行必要的生命价值教育。①

（三）将生命价值教育融入思想政治理论课的必要性

在高校思想政治理论课中加入必要的生命价值教育有利于帮助大学生的健康成长，有效减少大学生群体当中极端事件的发生。② 大学是完善学生性格的重要场所。在大学阶段，学生的世界观、人生观、价值观会慢慢成形。大学时期的思想观念会影响大学生日后处理事情的方式，许多发生在大学生身上的极端事件往往是由于他们心理或性格上的不成熟引起的。③ 在高校思想政治理论课中渗透生命价值教育有助于培养学生健全的人格，让他们在遇到挫折和困难时积极乐观地去面对，任何时候都不轻易放弃生命。生命价值教育可以帮助学生了解生命的真正意义，帮助他们形成更加成熟的思维方式，远离偏激和冲动。

在高校思想政治理论课中加入生命价值教育能够提升思想政治理论课的人文关怀，使这门课程真正地深入生活，能够给予学生更实质性的帮助。思想政治理论课偏重理论教育，容易忽略对学生个体的关心。在思想政治理论课中渗透生命价值教育，以当下大学生的焦点问题为教育切入点，使该课程"以人为本"的理念变得更加鲜活。生命价值教育将提高学生的认识和生活质量为首要目标，把关怀生命作为

---

① 李永兵、李家富：《当代大学生生命观教育的价值审视》，《学校党建与思想教育》，2019年第12期，第61~64页。

② 张晓文、吴晓蓉：《乡村教师生活世界遮蔽与回归——基于教育人类学生命价值的视角》，《教师教育研究》，2019年第4期，第40~46页。

③ 张晓文、宋丽惠：《生命教育的价值属性》，《中国德育》，2019年第11期，第38~40页。

教育的出发点和落脚点，将课程教育、学生个体、生活本身紧密地联系在一起，这些都有利于丰富思想政治理论课的人文情怀，提升教学实效性。

在高校思想政治理论课中渗透生命价值教育，既能为思想政治理论课增添新的内容，又能促进思想政治教育课程体系之完善。[①] 生命价值教育涉及的范围较广且内容也比较丰富，如生死观教育、人际关系教育、环境适应教育、心理健康教育、就业指导教育等。融入这些内容会使思想政治理论课的内涵更加深刻，也会使其教学内容更加全面。显而易见，将生命价值教育融入思想政治理论课，既能达到对大学生生命价值实现科学引导之目的，也能实现完善思想政治理论课程体系之目标。[②]

二、生命价值教育融入思想政治理论课的原则

将生命价值教育融入思想政治课之中，需要遵循以人为本、渐进性、渗透性、积极性、具体性、现实性等原则。

（一）以人为本原则

以人为本，从学生本身出发是教育实践必须遵循的原则。大学生的年龄通常为18至25岁，他们的自主意识逐年增加，心理、生理也在不断地朝着更成熟的方向发展。对他们的教育应该从大学生的身心特点出发，这样才能达到事半功倍的效果。目前高校当中开展思想政治教育时虽本着以人为本的教育理念，但实际生活中却容易忽略学生主

---

① 廖宇婧：《大学生生命价值观教育略议》，《学校党建与思想教育》，2012年第17期，第45~47页。
② 刘雪珍：《桂西北大学生生命意义调查与生命教育》，《教育评论》，2012年第6期，第48~50页。

体,使这一原则成为纸上谈兵的"假把式"。应试教育的弊端让人不容忽视。传授理论知识虽然重要,但培养学生的道德品质才是教育的真正目的。将生命价值教育有机融入思想政治理论课当中,让以人为本的原则真正落实到思想政治理论课程当中,才能让生命价值教育更加注重人文关怀。①

(二) 渐进性原则

教育是一件循序渐进的事情,切不可操之过急。生命价值教育涉及生活的方方面面,学生对生命的认识和理解不可一蹴而就。大学生一直生活在温暖、有爱的校园里,相互间的人际关系也相对单纯,他们只有经历诸多人生历练,才能够认识和理解生命的真正意义。大学生在生理年龄上虽然已经成人,但他们的心理却没有完全成熟,对他们来说,循序渐进的引导才是更加明智的教育方式选择。生命价值教育不能一味地求快,教师在教学过程中需要循循善诱,这样才能慢慢吸引学生、影响学生、改变学生。

(三) 渗透性原则

在高校思想政治理论课中融入生命价值教育要特别注重渗透原则,要在潜移默化中影响学生,要不露痕迹地让学生接受生命价值的相关知识,才不会引起他们的厌恶和反感,并起到事半功倍的效果。此外,教师在对学生进行生命价值教育时不能只局限于课堂上,而是应该融入课下、班会上、集体活动中,积极把握一切有利时机给学生传输生命价值知识,这样才更有利于启发学生、感染学生。如此一来,学生才会在潜移默化的影响中接受这些知识,并实现真正的心理认同和价

---

① 韩小谦:《高校思想政治理论课改革的难点与突破——以生命教育为视角》,《教育与研究》,2010 年第 8 期,第 81~86 页。

值认同。唯有如此，学生才会更加深刻地认识和理解生命价值。①

（四）积极性原则

在思想政治理论课中渗透生命价值教育不能简单化、表面化，应该本着积极性原则深入地推行。虽然说在思想政治理论课中融入生命价值教育是为应对当前大学生漠视生命等社会问题的教育手段之一，但并不能将其作为唯一的原则。教育者要从关心大学生、爱护大学生的角度出发，潜下心来考虑培养什么样的人才、怎样培养人才的问题，不能让这门课程成为单纯为了完成教学任务而进行的"形式课"。② 教师应该在完成教学目标的基础上继续追求更深层次的目标；而作为新时代的大学生，更应该在努力学习生命价值教育知识的基础上，以正确的方式对待生命，树立正确的世界观、人生观、价值观。

（五）具体性原则

在开展生命价值教育时必须关心学生的个体差异，对不同的学生采取不同的教育和引导方式，坚持具体性原则，这样才能使每个学生都得到关怀，才会让他们在各自不同的人生轨迹上成长为健康又独特的个体。针对课程本身来说，思想政治理论课中的生命价值教育课程与一般的生命价值教育并不相同。思想政治理论课中的生命价值教育从马克思主义基本原理出发，把自然生命与价值生命结合起来对学生开展教育；而生命价值教育包括生命起源、生命价值探究等问题，涉及的内容更深、更广。要注重区分两者之间的差异，从我国生命价值

---

① 刘克利、欧阳鹏：《教育的元价值是创新生命本质——生命哲学视域中教育的本真意蕴新探》，《大学教育科学》，2019 年第 3 期，第 29~36 页。

② 郭玲：《彰显生命价值的道德教育——基于古希腊神话英雄德行的分析》，《当代教育科学》，2019 年第 5 期，第 72~75 页。

教育的特点出发，坚持具体问题具体分析，使生命价值教育在思想政治理论课中发挥其应有的作用。①

（六）现实性原则

生命价值教育与生活密不可分，其实际教学绝不能与现实生活相脱节。目前，我国对生命价值教育的研究多停留在理论层面，主要从心理学、教育学、哲学、社会学等角度出发，统合其相关知识。然而，要想获得真知，是离不开生活实际的，空洞的理论知识会让学生望而却步，所以教育应该从现实生活本身出发。在高校思想政治理论课中渗透生命价值教育也应该建立在联系学生现实生活的基础之上，要在教学过程中适当地加入当下有关生命价值的时事热点话题，对典型的案例进行重点剖析，以引起学生对生命价值的深层次思考与认同。

三、生命价值教育融入思想政治理论课的路径

将生命价值教育融入思想政治理论课除了要遵循上述原则外，还要注意科学的融入方法。具体而言，将生命价值教育融入思想政治理论课之中，主要通过教育理念创新、教学模式创新、教师教育能力创新等三个路径实现。

（一）实现思想政治理论课程中生命价值教育理念的创新

在传统教育理念下开设的生命价值教育课程免不了会给学生枯燥、单一的印象，在无形中影响该课程的讲授和效果提升。在思想政治理论课中渗透生命价值教育不能只停留在传统理念上，而应该实现在这

---

① 卢晓靖：《生命教育现实价值探析——以老年服务与管理专业学生为例》，《现代交际》，2019年第19期，第3~4页。

一方面的创新。教师要树立保全生命、发展生命的教育理念,在学习和生活上处处传递给学生正确的生命价值观,让学生乐于接受生命价值教育并逐渐将其融入自己的生活中。① 如果高校教师一直墨守成规,不想着变通和创新,那么高校思想政治理论课中的生命价值教育将失去其应有的生机与活力。教师应该随时关注生命价值教育新理念,加强对该课程的研究,使自己的教育理念和教育方式不落伍。最关键的是,教师需要努力顺应时代发展之需要,在生命价值教育课程中切实融入新的教育理念,尊重、了解、爱护学生,让生命价值教育融入生活、指引生活。②

(二) 实现思想政治理论课程中生命价值教育教学模式的创新

老师讲、学生听是思想政治理论课传统的教学模式,这样的方式已经很难吸引学生的兴趣了。要想使生命价值教育在思想政治理论课中发挥其应有的作用,必须实现创新,彻底改变传统的教学方式。生命价值教育除了要注重理论教育外,还可以适当地增加室外拓展活动,如:组织大学生去产房感受生命的来之不易;组织大学生去福利院等社会公益场所,指引他们去帮助需要帮助的人,体会生命价值在于奉献的真谛。生命价值教育是"活"的教育,是关于心灵的教育,枯燥单一的教育模式不仅达不到预期的教学目标,而且容易使学生对该课程越来越反感。所以,在高校思想政治理论课中渗透生命价值教育必须注重教学模式的创新。③

---

① 吴忠魁、梅仕士:《当代大学生生命价值观教育对策初探》,《管理观察》,2009年第13期,第151~152页。

② 颜伟红:《高校开展生命价值教育的必要性及其途径》,《福建论坛(社科教育版)》,2008年第4期,第130~132页。

③ 那冬岩:《立德树人 追求有生命价值感的教育》,《基础教育参考》,2019年第11期,第23~24页。

（三）提高教师人文关怀意识和生命价值教育能力

教育是与爱相关的职业，教师面对任何一位学生都必须心怀大爱。教师平时应该积极主动地了解学生，多与学生交流，多关心学生，加强对学生的人文关怀。① 这是在进行生命价值教育时教师必须具备的品质。当下有的大学生生命价值意识淡薄，对生命价值缺乏足够的认识，强化对大学生的生命价值教育，提高他们对生命价值的认识能力和认识水平，是当前思想政治理论教育应该着重考虑的问题。② 教师在渗透生命价值教育时首先应该注重培养学生珍爱生命的理念，让他们明白健康快乐地活着是实现人生价值的首要前提；其次，教师在渗透生命价值教育时要注意培养大学生积极实现生命价值的理念，引导他们认真对待生命，努力使自己的人生发光发亮；最后，教师在渗透生命价值教育时要注意培养大学生正确对待"死亡"的理念，培养其坦然面对死亡同时又不轻易放弃生命的正确态度。③

---

① 周福盛、毕吉利：《从"真理至上"到"尊重生命"：科学教育的本质回归——基于科学价值论的视角》，《自然辩证法研究》，2019 年第 6 期，第 107~112 页。

② 贺才乐：《生命价值教育：当代大学生的一门必修课》，《思想教育研究》，2006 年第 12 期，第 52~54 页。

③ 王雅琴、刘志远：《浅析传统文化对医学生生命教育的现代价值》，《中国卫生事业管理》，2019 年第 5 期，第 377~379 页。

当代大学生诚信缺失现象及其纠正对策研究[①]

大学生作为整个社会青年群体中最具朝气的一部分,他们是否具备诚信品质,将直接影响他们能否肩负起中国特色社会主义现代化建设的伟大使命。近年来,大学生诚信方面出现的问题越来越多,怎样提高他们的诚信意识,引起了学界的广泛关注和研究。本文主要在学界既有研究成果的基础上探讨当代大学生出现诚信缺失问题的原因并提出相应的对策,以期为有效提升当代大学生的诚信素养提供一定的理论借鉴。

一、当代大学生诚信缺失现象概述

(一) 大学生诚信的时代内涵及其重要性

1. 大学生诚信的时代内涵

随着当代中国特色社会主义市场经济日益繁荣发展以及时代的不断进步,诚信的内涵被不断更新,其中既有传统的诚信思想观念,又

---

① 本文原刊于《中共太原市委党校学报》2019年第1期。

融入了新的时代内涵。当今时代，诚信已经融入经济、政治、文化等各个领域，用以协调利益主体间的关系，是社会伦理中非常重要的精神品质。① 所谓诚信，是指诚实守信，"诚"，是忠于法律、规则，监督自己去遵守法律、规则；"信"，是相信并遵守法律、规则，不能无视和违反规则。诚信是一种重要的品德规范，是现代社会文明进步的基石。大学生诚信包括三个层面：诚信观念、表现出来的诚信行动以及社会各界对大学生的诚信评价。诚信是大学生品德教育的重中之重，也是大学生对自身行为的规范与要求。大学生的诚信品质主要表现在以下几个方面：其一，在日常生活中，品行端正，有优良的作风，对党对国家尽忠职守，做到实事求是、言而有信，说真话，办正事，真诚待人；其二，在求学过程中，要用谦虚谨慎的态度对待学习过程中的每一个问题，不敷衍了事，在考核中实事求是，展现最真实的实力，不弄虚作假；其三，在个人财务管理中，端正态度，要根据自己真实的情况申报奖助学金，借同学财物要按时归还；其四，在求职过程中，要认识到各类工作都是平等的，不制作虚假简历，不擅自修改成绩。

2. 大学生诚信的重要性

诚信是中华民族的传统优良品德，是社会行为最基本的道德规范之一，诚信对营造良好的社会环境有重要的作用。大学生肩负着实现民族伟大复兴的重要使命，必须加强自身道德建设，把讲诚信作为最基本的品德追求。②

大学生成才的重要条件之一便是诚信。诚信既有助于大学生树立正确的世界观、人生观、价值观，也有助于大学生形成健全人格。大

---

① 吴晨：《大学生诚信价值观的涵育路径探究》，《思想理论教育导刊》，2019年第2期，第46~49页。

② 陈亚新、张天抒、张昀、王忠海：《多维协同构建新时代大学生诚信教育体系》，《教育教学论坛》，2019年第45期，第65~67页。

学生只有具备这种品质，才能赢得更多的发展机会和空间。诚信品质是牵引大学生不断进步并实现其自我价值的导向。大学生只有不断培养自身的诚信品质，脚踏实地，才能更好地在社会主义建设实践中贡献自己的一份力量，亦为我国实现社会主义现代化营造良好的社会氛围。①

诚信是建设更加和谐的社会所要求的道德基础。没有了诚信，人与人之间就失去了信任，公平正义也难以落实。大学生在当今社会中是一个非常重要的群体，他们具有诚信品质对整个社会正常有序运转具有非凡的意义。习近平总书记强调："青年的价值取向决定了未来整个社会的价值取向，而青年又处在价值观形成和确立的时期，抓好这一时期的价值观养成十分重要。"② 显而易见，培养大学生群体诚信的品德对于在整个国家营造一种讲诚信的氛围具有重要的意义，是建设和谐社会的重要保障。

（二）当代大学生诚信缺失现象

只有认真准确地分析大学生诚信的现状，才能根据现实中存在的问题去寻找原因，进而找到提升大学生诚信品质的对策。随着当今社会各方面的迅猛发展，诚信变得越来越重要，大学生的诚信品质在学习、生活、交友、求职等方面都有具体体现。③

1. 人际交往中的诚信缺失现象

在人与人的交往中，诚信是非常重要的品德准则和行为规范，是

---

① 李煜：《新媒体环境下大学生诚信涵育模式探赜》，《山东青年政治学院学报》，2019年第6期，第75~80页。

② 中共中央文献研究室：《习近平关于青少年和共青团工作论述摘编》，中央文献出版社2017年版，第25页。

③ 刘艳华：《新形势下我国大学生诚信缺失问题及对策研究》，《教育理论与实践》，2017年第3期，第41~43页。

人际关系稳固的重要保证。① 在大学校园内，利益交织越来越复杂，同学之间难免会有矛盾，有些同学为了自己的利益恶意中伤别人，散布他人的谣言；答应别人的事总是做不到，习惯说空话大话，不讲诚信现象常常发生。越来越多的大学生不重视诚信品质，致使人际关系冷漠。② 诚信的缺失造成人与人之间相互失去了信任，致使形成某种心理疾病，如孤僻、自闭、抑郁症等，有害于自身的身心健康。

2. 学业中的诚信缺失现象

作为一名大学生，学习是其最主要的任务。但是有的大学生学习态度不够端正，在学习过程中表现出诸多不诚信行为，尤其是在考试作弊和作业抄袭两方面，表现尤为突出。①考试作弊。考试是最直接的检验学生学习情况的手段，通过考试可以测试学生的学习效果、老师讲课的成果，是大学生在整个学习过程中必须严肃对待的事情。有的大学生把考试作弊视为一种正常行为，考试作弊的方式越来越多。③ 有些同学不顾学校的严厉处罚，平时不认真学习，考试的时候想尽办法去抄袭，造成了负面影响。②作业抄袭。抄袭作业、学术造假等现象在大学生群体中也屡有发生。抄袭作业在大学生群体中是较为常见的现象，他们在完成老师安排的任务时，会通过搜索引擎寻找符合要求的文章，直接抄过来当成自己的作业，几乎没有自己的思考，敷衍了事，这种现象背后反映的是大学生学业方面的诚信缺失。④

---

① 孙振：《当前我国大学生诚信问题的表现及对策研究》，《传播力研究》，2019年第28期，第230~231页。

② 李艳玲、张羽：《浅析和谐社会下的大学生诚信教育》，《高教学刊》，2019年第3期，第159~161页。

③ 杨遇春：《当前大学生诚信教育的现实困境及对策研究——以上海市大学生考试作弊现象为例》，《思想政治课研究》，2019年第4期，第102~106页。

④ 李玲：《高校大学生学术诚信保障机制研究》，《改革与开放》，2019年第19期，第113~115页。

3. 经济生活中的诚信缺失现象

经济诚信是大学生诚信的重要组成部分，它既是经济道德规范，也是基本的品质要求，与大学生的生活和学习息息相关，在大学校园中，经济方面的诚信缺失主要表现在通过上报虚假信息争取奖助学金等方面。[①] 国家对家庭经济情况困难的同学进行适当补助，制定了奖学金、助学金政策，有的大学生利用这样的机会，弄虚作假，开出贫困证明，用贫困补助去大吃大喝，既浪费了补助名额，也带来了不好的影响。

4. 就业中的诚信缺失现象

简历造假在大学生找工作过程中时有发生。为了在激烈的就业竞争中处于相对有利的位置，有的大学生编造各种荣誉证件、工作经历，用欺骗手段谋取工作岗位，已经触及诚信的底线。[②] 当代大学生应该认识到，要想获得好的工作，必须提升自身的专业能力和素质修养，而不是在简历方面造假。除了简历造假外，在求职过程中个别大学生合约意识淡薄，也是其就业过程中表现出来的诚信方面的问题。在就业择业过程中，个别大学生撕毁合同，拒绝违约赔偿，也表现出诚信品质缺失的问题。

二、当代大学生诚信缺失现象原因分析

总体而言，当代大学生诚信缺失现象的出现是由多种因素共同作用的结果，其中社会环境因素、校园环境因素、家庭环境因素、大学生自身主观因素等是最主要的几个方面。

[①] 冉真真、董华、吴星：《社会主义核心价值观视域下大学生诚信建设的思考》，《教育现代化》，2019年第24期，第175~177页。

[②] 邵忠银：《大学生择业诚信之道德可责性问题研究》，《哈尔滨学院学报》，2019年第11期，第133~136页。

(一) 大学生诚信缺失的社会环境因素

马克思主义认为，人的思想并不是天生就有的，而是在后天的外部教育和环境影响下形成的。一个人所处的环境，对自己性格的养成有潜移默化的影响。[①] 在一定程度上，大学生诚信缺失现象之出现及其所处的社会环境有很大的关系。随着市场经济的发展，生活方式的多样化，就业方式各种各样，我国以往的道德观念受到了前所未有的冲击，社会道德滑坡，加之有些方面的体制不健全，诚信缺失现象越来越多。从假冒伪劣产品充斥于市，到个别公职人员以权谋私、弄虚作假、贪污腐败，再到文化领域盗版层出不穷、文化作品剽窃现象屡见不鲜。以上种种不良现象，使得人们之间失去了信任，社会诚信危机愈发严峻。当代大学生生活在这样的社会环境之中，必然会受到社会失信行为或多或少的影响。除了社会失信现象的大环境影响外，整个社会的失信惩戒不力也是一个重要因素。[②] 对不诚信行为的惩戒力度弱，没有健全而有效的失信惩罚体系是社会诚信危机的一个重要原因。因为不诚信行为所付出的代价较低，不诚信的人得不到应有的惩治，而诚信的人得不到应有的奖赏，有的人就会从利己的视角选择不诚信，这些对大学生诚信缺失现象之出现亦有较大的影响。

(二) 大学生诚信缺失的校园环境因素

大学生在学校学习的过程中，不仅要努力学习科学知识，更要注重自身道德素质修养的不断提升。然而，当前大学校园对诚信宣传、教育的力度不够也是造成大学生出现失信现象的一个重要环境因素。

---

① 纪守峰、李印福：《构建大学生诚信教育常态化建设途径研究》，《大学教育》，2019年第10期，第114~116页。

② 刘学文、赵杨洋：《当前大学生学业诚信现状调查及教育对策研究》，《大学教育》，2019年第9期，第199~204页。

整体而言，学校在对大学生进行诚信教育时，所教授的内容和所采用的教育形式都过于简单，这是导致大学生诚信缺失的一个重要原因。目前大多高校对大学生进行诚信教育主要还是通过思想政治教育课，以口头讲述和理论灌输为主。这种教育形式较为单一，教育效果欠佳。相关调查研究显示，有的学校对大学生失信行为没有严格的惩罚，对于遵守诚信的同学也没有相应的奖励。大学生诚信管理制度与高等教育革新在某种程度上有所脱节，在管理学生的过程中由于制度不完善，造成了约束力比较弱，一些大学生的失信行为不能够得到相应的惩罚，甚至还会损害遵守诚信学生的切身利益。[1]

（三）大学生诚信缺失的家庭环境因素

父母是孩子最好的老师，孩子也总是仿效父母的某些行为习惯，家长的谈吐和做事的方式方法都会对孩子的行为有重要的影响。家庭教育与大学生诚信品质的缺失有着紧密的联系。相关调查表明，相当一部分家长总是把孩子的学习成绩放在第一位，而忽视了对子女身心健康和道德品质的培养。为了达到家长对孩子的目标要求，一些学生采取作弊的方式取得不错的成绩，亦有相当一部分家长认为"不打不成才"的观念是完全正确的，并把该理念转化为行动，完全不考虑孩子的自尊心。在这样的教育方式下，一些青年学生为了达到父母的要求，采取不正确的方式去取得好成绩，长此以往，对学生诚信品质的培养产生了极为不利的影响。[2]

---

[1] 胡颖杰：《供给侧改革背景下大学生诚信教育主体性问题及机制构建》，《中国成人教育》，2017年第20期，第77~79页。

[2] 陈红霞：《诚信视角下大学生的社会认同困境及培育思考》，《内蒙古教育》，2019年第8期，第9~11页。

(四) 大学生诚信缺失的主观原因

除了社会环境因素、校园环境因素以及家庭环境因素的综合作用外,当代大学生出现诚信缺失现象也有其自身主观方面的重要原因。其中,大学生自身诚信意识薄弱和诚信实践不足是最主要的方面。① 其一,当代大学生诚信意识薄弱。② 大学生诚信意识薄弱导致他们不诚信行为时有发生,他们对自身不诚信行为所带来的后果没有清晰的认识,在处理问题时不能做到换位思考,只注重个人利益,对自身的失信行为不以为然,没有充分意识到失信行为的危害性。其二,当代大学生诚信实践较为贫乏。诚信是中华民族的传统美德,要把这种品质内化为一种道德修养,外化为行动,需要在实践中去培养和形成,只有这样才能把品质内化为道德修养。相关调查研究显示,有的大学生在日常生活中并没有完全做一个讲诚信的人,当自身利益和诚信要求发生冲突时往往会选择前者,违背正确的道德选择。③

三、当代大学生诚信缺失现象的纠正对策

诚信作为中华民族的优良传统,虽然历经了数千年的发展和演变,对社会的价值导向却是深远而持久的。当前,大学生诚信缺失现象出现于学业、生活、就业等各个方面,任其蔓延,不利于社会主义现代化各项事业的建设与发展,而解决这一问题却任重而道远,需要社会、

---

① 王佳浚、王冠群:《自媒体环境下高校大学生考试诚信体系的构建》,《教育现代化》,2019 年第 54 期,第 113~115 页。

② 陆燕玲:《浅谈社会主义核心价值观视域下大学生诚信行为存在的问题及原因——以钦州学院为例》,《教育现代化》,2019 年第 32 期,第 109~111 页。

③ 桑红玲:《当代大学生诚信缺失问题及其对策研究》,《马克思主义学刊》,2017 年第 2 期,第 77~86 页。

学校、家庭、大学生自身多方共同努力，才能有效提升大学生的诚信意识，并不断促使其诚信素养之养成。①

（一）加强社会诚信教育

人创造了环境，同样，环境也影响着人，人的发展与环境有着密不可分的关系。社会的诚信环境影响着大学生的思想观念，我们应该针对经济、政治、文化等方面的不诚信现象进行有效的综合治理，努力营造良好的社会环境。在经济建设实践中，社会主义市场经济的有序运转离不开诚信，应建立由工商、税务等多个执法部门联合使用的企业信用管理体系，建立行之有效的诚信运营机制。在政治建设实践中应转变政府职能，建设服务型政府，才能有效提升广大人民群众对政府的信任度；推行政务公开，加大反腐力度，运用各种形式对政府工作人员进行诚信教育，教育他们要做到讲诚信，以身作则，鼓励他们做诚信的表率。② 在社会舆论氛围的营造中，要努力规范网络媒体的引导方向，对虚假报道的媒体实施严惩，要利用媒体对不诚信行为进行广泛报道，对诚信行为进行弘扬和宣传，营造讲诚信的社会氛围，引导大众树立正确的诚信观。

（二）创新高校诚信教育

大学生学习和生活的主要场域是在校园里，学校的学习氛围、教育理念对学生道德品质的形成有潜移默化的影响。③ 从创新高校诚信教

---

① 张芙蓉、郭青、田星杰：《新媒体环境下大学生诚信教育调查研究》，《学校党建与思想教育》，2018 年第 17 期，第 75~76 页。

② 黄一斓：《高校诚信生态环境的现状与重构——以大学生诚信教育为核心》，《黑龙江高教研究》，2019 年第 7 期，第 141~144 页。

③ 刘伟、傅维利：《诚信知行的形成机制及其对高校诚信教育的启示》，《教育研究与实验》，2013 年第 2 期，第 49~53 页。

育的角度，需要从多个方面做出积极努力：其一，要努力创新高校诚信教育方式。当前部分学校仍然以课堂说教的形式为主对学生进行诚信教育，这种方法是不够完善的，需要改变原有的教学方法，尽量结合使用网络新媒体的方式进行，调动学生的积极性，把诚信意识贯穿到学生生活的诸多方面。其二，要努力创新高校诚信教育的内容。学校的诚信教学内容应该联系时代背景，立足当代社会现实，理论教育与社会实际相结合。进行诚信教育内容的创新，需要将诚信教育的理论内容与不断发展的社会实践相结合，辅之以法制教育，使大学生们充分认识到不讲诚信不仅会受到道德的谴责，更会受到法律的制裁，并意识到诚信是必须遵循的道德规范。其三，努力构建高校诚信教育的运行机制。高校可以借鉴社会信用系统的建构模式，对每一个大学生建立大学期间的诚信档案，并与社会信用系统相衔接。如此一来，可以充分提升学校与社会诚信评价的统一性和连续性，既能提升大学生对诚信的重视程度，又能使校园诚信与社会诚信实现有效对接。①

（三）重视家庭诚信教育

父母是孩子最好的老师。对于每一个大学生性格和气质的形成而言，家庭环境因素在其中都有非常大的影响。每一个孩子的成长、成才都深受其家庭教育理念和父母教育方式的影响，而且家庭教育对青年学生具有深远持久的影响，父母应该采用适当的教育方法，贯彻正确的德育理念，助力大学生诚信品质的养成。② 首先，家长应通过自己说话、做事的方式在家庭中进行诚信教育，给孩子以潜移默化的影响。家长应该言传身教，严格要求自己，凡事从自身做起，给孩子树立诚

---

① 崔国富、袁冬梅：《高校学生诚信教育管理制度的建构研究》，《国家教育行政学院学报》，2012年第1期，第25~30页。

② 于丽：《社会主义核心价值观视域下高校加强诚信教育的理性思考》，《思想政治教育研究》，2018年第2期，第22~25页。

信榜样。其次，家长要尊重孩子内心的想法，对孩子正确的做法要及时给予鼓励，不正确的做法要及时沟通，引导孩子养成良好的品质和行为习惯。在日常生活中，家长要和孩子进行平等而友好的交流，以了解孩子内心深处真实的想法，及时发现孩子存在的问题，和孩子商量最佳的解决方案，促进他们健康快乐成长，培养其良好的心理素质和道德修养，使其可以成为一个对社会有用的人。最后，家长和学校要形成合力，相互配合，家长要及时了解孩子在学校的情况，引导其诚信品质的养成。

（四）注重自我诚信教育

在营造社会诚信氛围、创新校园诚信教育以及加强家庭诚信教育的基础上，当代大学生要想切实提高自身的诚信素养，还需要注重自我的诚信教育。① 一方面，当代大学生应该充分提高自我认识水平。大学生应该认识到自我诚信教育应该是一种自觉的、有目的的活动。全面解决大学生诚信缺失问题，不仅需要社会教育、学校教育和家庭教育，更需要大学生的自我教育，要最大限度发挥自身的主观能动性，对自我进行教育，认真学习有关诚信的理论知识，把诚信要求贯彻到自己的学业、生活、就业等多个方面，全面而努力地提升自身的思想品德素养。② 另一方面，当代大学生要做到慎独、自律，努力克制自身不正当的欲望，增强诚信意识，养成遵守诚信的习惯，践行诚信品质，树立正确的价值观念。更关键的是，当代大学生应自觉以社会主义核心价值观为指导，把诚信意识转化为一种行动，把内在意识与外在行为相结合，逐步养成讲诚信的行为习惯，从根本上解决大学生的诚信

---

① 谢忠强、袁随芳：《大学校园文化建设与大学生社会责任意识培育关系探析》，《中共太原市委党校学报》，2018 年第 2 期，第 49~53 页。

② 黄一斓：《儒家诚信思想与当代大学生诚信价值观的构建》，《江苏第二师范学院学报》，2019 年第 4 期，第 36~40 页。

缺失问题。

四、结语

诚信是公民基本的品德规范，也是衡量其素质修养的重要指标。加强大学生诚信教育是建设社会主义精神文明、促进社会主义市场经济健康发展的必然要求。然而，由于诸多客观及主观环境因素的影响，当代大学生出现了或多或少的诚信缺失问题。针对造成当代大学生诚信缺失现象之原因，有效提升大学生诚信品质，需要加强社会、学校、家庭的诚信教育，大学生自身也要有坚定的诚信信念，并在实践活动中努力培育自身的诚信品质。

大学生网络道德失范现象分析及其教育干预[①]

近年来,随着网络的普及程度愈来愈高,青年学生尤其是大学生的网络道德建设越来越成为学界关注的热点,相关问题的研究也取得了较丰硕的成果,其中较有影响和代表性的成果有:檀江林的《当代大学生网络道德建设的若干思考》(《青年研究》2007年第1期)、顾晓虎的《大学生网络道德人格的缺失与重塑》(《江苏高教》2007年第5期)、邓英的《浅谈大学生网络道德教育》(《高等教育研究》2008年第2期)、邱杰的《大学生网络道德问题、成因及对策》(《思想政治教育研究》2009年第1期)等。然而,纵观目前既有研究成果,描述大学生网络道德现状和分析网络道德失范者多,提出有效应对策略者少;分析应对大学生网络失范措施的成果中,强调立法约束与道德自律者多,而关注高校教育功能者少。有鉴于此,本文主要在相关研究的基础上,在对大学生网络道德失范现象及其原因进行分析的前提下,着重讨论高校教育功能的纠偏作用。

---

① 本文原刊于《扬州大学学报(高教研究版)》2010年第1期。

一、大学生网络道德失范概况

互联网的普及对大学生的积极影响不言而喻,其开放性、平等性和互动性为大学生开创了全新的信息环境,提供了便利的交流平台。① 在这个虚拟的区域里,大学生可以尽情地展示个性,发挥想象,追求超越,体验成功。然而网络的虚拟性、隐蔽性和无约束性等特点又助长了大学生非主流性质的心理趋向。② 久而久之,本该成为大学生获取知识途径的互联网平台,逐渐失去了其原有的工具性意义;而互联网成为大学生"虚拟社区"的同时,也将现实社会中的道德失范现象带入了虚拟的网络之中。③

相关研究成果表明,在虚拟的网络社区中,当代大学生的道德失范现象越来越令人担忧。网络道德的失范首先表现为当代大学生学习生活中的涉假现象。据调查,约有20%~40%的大学生曾经把网络上的文章直接下载下来当作业交给老师,甚至还出现了从网站购买学位论文者。这种现象不仅暴露了大学生自身的道德滑坡,更助长了学术研究的不正之风。另外,大学生网络道德失范还表现为其网络行为欠缺应有的约束机制。④

在"网络社会"中,由于每个人都是电子化高速运动的匿名性存

---

① 崔少娟:《语言文明与大学生网络道德建设研究》,《中国多媒体与网络教学学报(上旬刊)》,2019年第11期,第42~43页。

② 陈小普:《大学生网络媒介素养与网络道德失范行为的特征及相关性》,《中国健康心理学杂志》,2019年第10期,第1575~1579页。

③ 范笑仙、赵金秀:《以主体性教育为取向提高大学生网络道德水平》,《中国高教研究》,2003年第9期,第82~83页。

④ 高媛媛、马彩莉、谷越:《新媒体环境下大学生网络道德现状调查及对策研究——基于山西16所高校的实证分析》,《山西高等学校社会科学学报》,2019年第8期,第65~69页。

在，其个体行为往往在虚拟实体的状态中进行，所以网络个体在虚拟社区中往往不必承担现实社会中应有的责任和义务，容易导致滥用自己的权利。① 调查表明，90%以上的大学生遇到或发生过网上不文明现象，20%~30%的大学生曾经在网上对他人进行过恶意攻击和散发未经认真核实的信息。更有甚者，网络道德失范现象还渐渐侵蚀着当代大学生的"三观"。事实表明，当代大学生对网络中非主流导向的世界观、人生观、价值观缺乏应有的认识。从生理学的角度而言，大学生精力旺盛，接受新事物快，而网络作为一种无国界、开放性的信息工具，各种非主流导向的意识形态充斥其间，对于身心还没有完全成熟的青年学生而言，长期浸淫于虚拟社区中，很容易受到负面的冲击和影响。② 例如，大学生对网络上的性别话题仍然很大程度上沿袭着传统伦理教育影响的内在自律，大多在拥有这个平等空间的同时也能够做到尊重其他网民的浏览自由。然而法律和道德问题在个体行为中同时出现时，常常让位于个体理解语境之下的"自我变通"。男生对网络游戏、色情网页的接触程度远远高于女生，其间他们虽具备一定的自控能力，但往往不规范的随意行为较多，道德判断力和舆论监督机制尚待建立。③

可见，青年学生的网络生活不仅是一种单纯的个体行为。从社会发展的角度出发，其群发性的个体行为必将对整个社会产生影响。④ 在现实社会生活中，伦理关系大多为面对面的直接方式，道德规范因而

---

① 赵倩：《特质移情与大学生网络利他行为：道德认同的调节作用》，《中国临床心理学杂志》，2019年第4期，第800~802页。

② 郑景献：《大学生网络道德教育研究》，《社会主义研究》，2002年第5期，第90~92页。

③ 董虹凌、戴黍：《大学生网络道德行为状况问卷调查与分析》，《第一军医大学分校学报》，2003年第2期，第52~54页。

④ 檀江林：《当代大学生网络道德建设的若干思考》，《青年研究》，2007年第1期，第39~44页。

也主要借助社会舆论和人们的内心自律来发挥作用。与此相反,在网络虚拟社会中,人与人交往的间接化使得直接的道德舆论抨击难以进行,从而导致社会舆论的作用下降。

这样,道德力量对人的约束就越来越依赖于内心的道德自律了。①网络行为主体的匿名性使原有现实社会规范所体现的伦理道德很难恢复到传统意义上的社会关系、社会实践中加以认识、检验和适用的程度了。一方面,建立在现实社会基础上的传统道德规范,由于不适用虚拟平台的新环境而受到了冲击,使其约束力明显下降甚至形同虚设;另一方面,面对全新的虚拟领域,又一时没有形成新的统一的道德规范,因此大量的网上行为处于既不受原有道德规范的制约又无新道德规范可依的状态,从而造成了大量的失范行为。

二、大学生网络道德失范缘由

从伦理学的角度出发,任何社会道德(包括网络道德)都是一定社会群体的共同利益、要求和意志的价值凝结物,总是作为具有普遍性的社会指令而存在的。② 网络道德的基本原则、规范和要求只有转化为网民内在的道德自律,成为其身处虚拟环境中所具有的特殊道德素质,才会真正发挥作用。解决大学生网络道德失范的问题,必须首先弄清其根源。造成当代大学生社会网络道德失范的原因较为复杂,不仅有大学生网民个体素质的因素,也有相关行业立法真空的关系,同时更有整个外部社会大环境不良风气的影响。③

---

① 朱银端:《网络道德教育》,社会科学文献出版社2007年版,第87页。
② 顾晓虎:《大学生网络道德人格的缺失与重塑》,《江苏高教》,2007年第5期,第111~112页。
③ 高仲妏、程秀霞:《当代大学生网络道德发展现状及影响因素分析——基于五所高校的问卷分析》,《重庆邮电大学学报(社会科学版)》,2019年第4期,第74~82页。

社会心理学理论认为，社会化作为一种发展过程，是通过社会个体和他人之间一种连续的、经历着许多阶段和变化的相互作用的过程，而其中现实社会里人际沟通对个体社会化进程至关重要。如果脱离社会群体，缺乏必要的人际交往，个体就无法成为一个真正的"社会人"。然而，现实中，许多大学生沉迷于虚拟网络，过度在网络上寻求精神寄托，自我封闭，无论是身体上还是精神上，都严重脱离了现实社会。①

诸多心理学测试表明，大多痴迷于网络的学生都不同程度地表现出对环境适应不良、学习兴趣不浓、人际关系受挫、情绪内敛、情感压抑、思维受阻、性情孤僻等。面对现实的困难和挫折，他们不是积极、认真地去应对，而是选择消极逃避，在虚拟情境中找寻精神慰藉和心理平衡。② 过度依赖网络不仅阻断了大学生正常社会化的情感渠道，更可能导致他们在感知、思维、情感、意志、个性等方面都受到不同程度的削弱。③

除社会心理学的理论分析成果外，现实社会的道德规范模式与网络虚拟空间道德约束机制的薄弱所形成的干预落差，也在很大程度上造成了当代大学生网络道德的失范。④ 大学生对网络的认识普遍偏重于技术的掌握和运用，他们为网上所传递的丰富多彩的信息和自由交往的形式所吸引，充分享受网络带来的各种便利，但是对于网络对身心

---

① 郭丹、郑永安：《大学生网络道德认知失调的表征、生成及引导》，《西北工业大学学报（社会科学版）》，2017年第4期，第14~18页。

② 陈妮娅、钟静弘、周冰冰、洪清玉、樊孟婷：《大学生道德认同与网络利他行为的关系：乐观主义的中介作用》，《南京中医药大学学报（社会科学版）》，2017年第4期，第233~237页。

③ 何明芮：《大学生网络与现实伦理道德教育的差异——以西南石油大学为例》，《西南石油大学学报（社会科学版）》，2017年第5期，第78~84页。

④ 于洋、许盈：《新媒体平台下大学生言论的道德约束与法律规制——基于山东省某高校大学生网络言论的调查》，《山东青年政治学院学报》，2018年第1期，第51~55页。

发展的影响、网络道德规范的真空等深层次问题均缺乏深入思考，对在网络社会生活中应持有的道德观念、道德规范和道德行为缺乏应有的自我干预。①

在日常社会生活中，由于自我控制和自我约束能力不足，大学生的社会道德一般都处于学校以及家庭等相关群体的监督之下，社会规范对其行为也有着明确的约束。而在虚拟的网络空间中，由于相关的监督和约束机制的缺位，使得这些特殊的网民在网络中的行为得不到相应的控制和约束，从而在一定程度上导致了网络道德失范现象的凸显。②

一言以蔽之，网络虚拟自由的时空是实体社会的延伸，具有虚拟性、交互性、开放性等特点，它不但打破了实体社会中各种制度、机构、权威对大学生的约束，而且极大地超越了传统实体空间的种种规范。因此，这种教育对象活动时空（实体社会和虚拟社会）的变换，使网络道德教育环境的失控性因素增多。③ 在网络技术的冲击下，信息的大流量交换使得通过控制信息而树立规范的传统模式失效，原来凭借制度所赋予的敬畏在当代大学生网民心中，随着计算机键盘清脆的敲击声而日渐弱化。这样，学校和教师传统意义上的教育权威在信息技术的冲击下日渐弱化，传统"封闭式"的学校教育模式在面临全球化和信息化的双重变奏时更加凸显了日益滞后的困顿情境。④

---

① 彭金富：《现代个人主义视域下大学生自我实现的道德困境及对策研究——兼评〈道德习养：破土与新生——网络环境下大学生道德发展研究〉》，《江西社会科学》，2017年第12期，第266~267页。

② 王旭宁、张大方：《立德树人视域下大学生网络道德失范问题研究》，《辽东学院学报（社会科学版）》，2018年第1期，第113~116页。

③ 于梁梁、吉植强：《网络文学对大学生的思想道德影响调查及对策分析》，《东华理工大学学报（社会科学版）》，2017年第1期，第64~66页。

④ 邓英：《浅谈大学生网络道德教育》，《高等教育研究》，2008年第2期，第89~90页。

显而易见，大学生在网络虚拟空间中的随意性日益彰显着其网络道德失范的普遍性，而大学生网络道德失范现象日渐严重的现状，"不仅仅体现着其社会便利与社会危害相生相克的二律背反"①，更从侧面呼唤着教育者对大学生网络道德失范现象进行必要的教育干预。

三、大学生网络道德失范教育干预

所谓教育干预，是指教育工作者根据科学的教育原则对受教育者在学习、日常生活等领域所出现的不科学的心理或行为进行教育矫正的实践活动。② 高校既是教育机构，也是文化机构，更是社会文化建设的重要驱动力，人才培养是高等教育的首要任务，但事实上，我国高等教育中普遍缺乏对于大学生网络道德失范的教育干预。因此，如何在推动我国高校服务社会和谐文化建设能力提升的同时，也恰如其分地承担起在大学生虚拟网络社区生活的道德规范问题，在当前社会主义和谐社会建设的语境下显得尤为紧迫。③ 结合当前大学生网络道德失范现象主客观原因的分析，目前我们对大学生网络道德失范现象的教育干预可以从以下几个方面进行思考。

首先，要引导大学生培养网络自律精神。德国古典哲学创始人康德认为，道德就其本质来说，只能是人的意志的自律。他认为道德的最高境界是自律。美国著名的发展心理学家和道德教育理论家柯尔伯格认为，学校道德教育的目的是培养学生的道德自律，使其达到不律

---

① 谢忠强：《从1949到2009：中华民族伟大复兴的历史路径》，《内蒙古社会科学》，2009年第3期，第1~4页。

② 李鹏飞：《大学生网络感知道德约束理论模型构建》，《当代教育实践与教学研究》，2019年第14期，第225~226页。

③ 谢忠强、刘转玲：《以科学发展观为指导推动我国高等教育的全面提升》，《西南科技大学高教研究》，2009年第4期，第8~11页。

而律。马克思也指出:"道德的基础是人类精神的自律。"而在道德修养上,孔子也特别强调"克己""自省",将"慎独"作为个人道德修养的最高境界和最高目标。他们普遍认为人的道德发展的基本规律是从他律向自律发展的过程,自律是道德发展的最高境界,是道德教育的本质和内在要求。① 在网络世界中,面对面的人际交往变成了互不相见的虚拟交往。网络的虚拟性和匿名性使人们摆脱了现实身份的束缚,诸如性别、年龄、相貌、身份等都可以隐匿和篡改。隐藏了真实身份的网络主体脱离了社会身份的约束和社会监督,使道德的他律作用大大降低,因此网络空间更容易使人道德迷失。② 在这种情况下,个人的道德水准和自律能力就显得非常重要。因此,道德自律的自觉性、自主性和自控性使得自律成为网络道德建设的主要保障。

其次,要努力提高当代大学生的思想道德素质,培养学生高度的道德责任感。具体而言,教育干预要不断充实德育的内容,除了重视对大学生科学知识的传授,更要注重加强对大学生科学道德教育和科学精神的熏陶,培养他们献身科学、尊重科学的意识。除此之外,还要加强学生道德责任意识,提高品德修养。③ 由于大学生过去大都在顺境中学习与生活,以自我为中心的观念较强,集体意识和社会责任较淡薄。在虚拟网络中,他们容易片面追求自我满足,体验个人成功而忽视社会责任。网络道德失范正是学生缺乏道德责任感的直接体现和反映。因此,加强道德责任教育不仅可以积极预防网络道德失范,同

---

① 何惠妍、赵恒梅:《基于心理契约的大学生网络道德失范研究》,《齐齐哈尔大学学报(哲学社会科学版)》,2018年第4期,第158~160页。

② 卢佩言、李如齐、时昕:《攻击性和示范性规范对大学生网络道德失范行为的影响》,《黑龙江高教研究》,2019年第1期,第101~104页。

③ 李野:《当前加强大学生网络道德教育的路径探究》,《民族高等教育研究》,2018年第3期,第11~14页。

时也可以有效避免学生出现孤僻、固执和不合群等网络心理障碍。①

再次,要加强相应的制度建设。道德原则和舆论能够在道义上约束和规范人的举止,却不能惩罚超越道德界限的不法行为,而要真正遏制网络道德失范,必须依靠强有力的法律建设。② 面对网络建设的严峻形势和迫切需要,各种网络法规、条例相继出台,对维护健康的网络环境起到了积极的作用。③ 但是,随着网络技术的不断发展,还必须健全网络法治建设以适应新形势的需要。同时,对利用网络进行诈骗、偷窃、发布虚假消息、传播色情信息等违法犯罪行为还需加大惩治力度。当然,在此应该特别强调的是,除了作为整个社会约束层面的国家法律法规外,各高校也应在网络道德建设方面加强适合其自身特点的相关校纪校规方面的建设,这样才能真正减少大学生网络不良道德行为的发生。④

最后,要用社会主义核心价值体系指导大学生的网络道德教育。社会主义核心价值体系明确指出了坚持马克思主义指导思想的重要性。⑤ 坚持马克思主义的世界观和方法论,可以使我们更加清醒地认识到社会发展中存在的问题。⑥ 对大学生进行网络道德教育要上升到一定的理论高度,使其在虚幻的网络社会中也能够形成和现实社会一样的

---

① 李士群:《网络道德》,北京交通大学出版社2001年版,第98页。
② 赵倩:《大学生道德认同与网络利他行为:网络道德与性别的作用》,《中国临床心理学杂志》,2018年第6期,第1226~1229页。
③ 邱杰:《大学生网络道德问题、成因及对策》,《思想政治教育研究》,2009年第1期,第47~49页。
④ 曾雪凤:《大学生网络道德异化问题及其对策研究》,《黑龙江教育学院学报》,2019年第5期,第98~100页。
⑤ 赵炎:《发挥社会主义核心价值观对大学生网络道德建设的引领作用》,《六盘水师范学院学报》,2018年第6期,第44~50页。
⑥ 谢忠强:《现代化语境下我国改革开放的光辉历程和宝贵经验》,《山东农业大学学报:社会科学版》,2008年第3期,第91~94页。

主流意识形态，使大学生在网络虚拟社会中能够运用马克思主义的立场、观点、方法来正确认识错综复杂的网络社会，看清事物发展的本质，把握自身在网络社会中的定位和发展方向。① 唯有如此，我们才能真正将当代大学生从网络负面导向的阴影中解脱出来，使其在坚持中国特色社会主义共同理想的前提下，为中华民族伟大复兴贡献自己应有的力量。

---

① 张羽程：《"互联网+"时代大学生网络道德素养现状与教育策略》，《教育理论与实践》，2019年第9期，第24~26页。

参考文献

[1] 姚勇. 上海知识青年支援新疆建设的历史回顾 [J]. 新疆大学学报（哲学社会科学版），1999（2）：42-47.

[2] 张雷. 人文教育在中职历史教学中的德育功能 [J]. 课程教育研究，2019（36）：70.

[3] 刘海英，张文洲. 红色文化在道德教育中功能发挥及实现途径 [J]. 思想政治工作研究，2019（2）：57-58.

[4] 徐建军. 网络思想政治教育与现实思想政治教育 [J]. 思想政治教育研究，2009（2）：7-9.

[5] 李向阳. 增强网络思想政治教育的引导力 [J]. 中国高等教育，2005（11）：20-21.

[6] 夏琼. 硕士研究生思想政治理论课研究型教学探析 [J]. 研究生教育研究，2013（6）：52-55.

[7] 罗玉萍. 研究生思想政治理论课教学模式探索：以"中国特色社会主义理论与实践研究"为例 [J]. 思想教育研究，2014（3）：56-59.

[8] 杨孝青，鲁丽娟，刘仲林. 自媒体时代研究生思政课自主学习模式研究 [J]. 研究生教育研究，2014（4）：48-51.

[9] 汤志华. "中国特色社会主义理论与实践研究"课程研究性

教学改革的思考［J］.思想教育研究，2016（6）：60-63.

［10］吴宝晶，刘晓静."中国特色社会主义理论与实践研究"课教学存在的问题与对策［J］.思想理论教育导刊，2016（3）：131-133.

［11］尹君.红色文化资源利用与"中国近现代史纲要"课程实践教学探索［J］.中华文化论坛，2011（4）：173-177.

［12］徐奉臻."MSD教学模式"与《中国近现代史纲要》课程体系的构建［J］.黑龙江高教研究，2007（2）：135-137.

［13］陈殿林.从问题意识到问题逻辑："中国近现代史纲要"教材体系向教学体系转化路径研究［J］.思想理论教育导刊，2011（7）：73-77.

［14］徐奉臻."科学发展观"何以进思想政治理论课之课堂：以"中国近现代史纲要"为例［J］.教学与研究，2010（8）：92-94.

［15］李梁.从历史语言配置向意义接受学习的转换："中国近现代史纲要"多媒体教学设计［J］.思想理论教育，2007（19）：65-68.

［16］胡艳华.高校思想政治理论课启发式教学探析：以"毛泽东思想和中国特色社会主义理论体系概论"课为例［J］.思想教育研究，2012（12）：44-46.

［17］陈洁.高校思想政治理论课实践教学方法探析：以"毛泽东思想和中国特色社会主义理论体系概论"为例［J］.思想政治教育研究，2009（5）：82-85.

［18］李洪侠，刘爱华，季洪辉.红色文化融入高校思政课教学的实践探索：以"毛泽东思想和中国特色社会主义理论体系概论"课为例［J］.毛泽东思想研究，2018（6）：133-137.

［19］张玲玲.社会主义核心价值观融入"毛泽东思想和中国特色社会主义理论体系概论"课教学的思考［J］.思想理论教育导刊，2017（11）：117-120.

［20］刘武根.科学马克思主义观教育融入"毛泽东思想和中国特

色社会主义理论体系概论"课教学初探［J］.思想政治教育研究,2011（4）:59-62.

［21］陶倩、赵国庆."思想道德修养与法律基础"课"问题解析式"教学方法的运用探析［J］.思想教育研究,2018（9）:72-76.

［22］马建青."思想道德修养与法律基础"课"三大课堂"相结合的教学方法探讨［J］.思想教育研究,2017（10）:70-73.

［23］郑珠仙,童谨.大学生喜欢的"思想道德修养与法律基础"课教学方法探究［J］.思想理论教育导刊,2012（8）:81-83.

［24］王嘉,张瑜.基于接受理论的"思想道德修养与法律基础"课教学理念与方法创新［J］.思想教育研究,2012（7）:53-56.

［25］.洪明.试析提问式教学方法在"思想道德修养与法律基础"课中的运用［J］.学校党建与思想教育,2010（14）:51-52.

［26］张静.道德教育"困境讨论"模式在"思想道德修养与法律基础"课教学中的运用［J］.思想教育研究,2018（1）:88-92.

［27］刘志山,李燕燕."思想道德修养与法律基础"课三位一体教学模式的探索［J］.思想教育研究,2016（9）:70-73.

［28］张玉兰."思想道德修养与法律基础"课角色体验教学模式探索［J］.思想理论教育,2012（23）:64-66.

［29］林冬月,张会永,程家明.基于网络技术的"思想道德修养与法律基础"课"显隐结合"教学新模式［J］.思想政治教育研究,2010（1）:93-96.

［30］李薇薇.中国精神融入高校思想政治理论课教学探究：以"思想道德修养与法律基础"课为例［J］.思想教育研究,2017（3）:90-93.

［31］张咸杰,张立兴.中华优秀传统文化融入高校思想政治理论课研究：以"思想道德修养与法律基础"课为例［J］.思想教育研究,2016（11）:77-80.

[32] 罗文英. 社会主义核心价值观融入"思想道德修养与法律基础"课教学的思考 [J]. 思想理论教育导刊, 2015 (6): 102-105.

[33] 王强. "马克思主义基本原理概论"课叙事式教学方法探索 [J]. 思想理论教育, 2015 (7): 72-75.

[34] 舒前毅. 人类命运共同体思想融入"马克思主义基本原理概论"专题教学新探索 [J]. 学校党建与思想教育, 2018 (23): 49-51.

[35] 王岩. 党的十九大精神融入"马克思主义基本原理概论"课教学的建议 [J]. 思想理论教育, 2018 (1): 60-65.

[36] 胡绪明. 五大发展理念融入高校思想政治理论课教学的路径: 以"马克思主义基本原理概论"课程为例 [J]. 教育理论与实践, 2017 (33): 43-45.

[37] 王秋菊. 将中国传统文化融入"马克思主义基本原理概论"课程的思考 [J]. 思想政治教育研究, 2017 (5): 71-74.

[38] 常百灵, 罗慧. 遵义会议精神融入"马克思主义基本原理概论"课教学的思考 [J]. 思想教育研究, 2017 (4): 100-103.

[39] 杨宏伟, 刘栋. 经典原著融入"马克思主义基本原理概论"课教学的探索 [J]. 思想理论教育, 2016 (10): 69-73.

[40] 李丽. 红色文化融入高校思政理论课程教学的思考: 以"马克思主义基本原理概论"课为例 [J]. 思想政治课研究, 2015 (6): 19-22.

[41] 刘建锋. "马克思主义基本原理概论"课交互式范例语境下授课模式探析 [J]. 学校党建与思想教育, 2019 (13): 67-69.

[42] 谢璐妍, 王晶. 高校思想政治理论课"两分两专"教学模式探析: 以"马克思主义基本原理概论"课为例 [J]. 思想理论教育导刊, 2019 (3): 103-106.

[43] 李晓晴. 研究型教学模式在"马克思主义基本原理概论"课中的实践 [J]. 黑龙江高教研究, 2013 (7): 165-167.

［44］王代月．"马克思主义基本原理概论"课问题式教学模式研究［J］．思想教育研究，2012（5）：56-59.

［45］张秉福．论"马克思主义基本原理概论"课开放性教学模式的构建［J］．学术论坛，2010（11）：199-203.

［46］任晓丽．"马克思主义基本原理概论"引入PBL教学模式的探索［J］．教育理论与实践，2010（1）：55-57.

［47］魏自涛．高校思想政治理论课渗透生命教育初探［J］．学校党建与思想教育，2013（9）：64-65.

［48］任晓伟．关于在高校思想政治理论课程中渗透生命价值教育的几点思考［J］．思想教育研究，2013，3：77-81.

［49］李永兵，李家富．当代大学生生命观教育的价值审视［J］．学校党建与思想教育，2019（12）：61-64.

［50］廖宇婧．大学生生命价值观教育略议［J］．学校党建与思想教育，2012（17）：45-47.

［51］刘雪珍．桂西北大学生生命意义调查与生命教育［J］．教育评论，2012（6）：48-50.

［52］韩小谦．高校思想政治理论课改革的难点与突破：以生命教育为视角［J］．教育与研究，2010（8）：81-86.

［53］周福盛，毕吉利．从"真理至上"到"尊重生命"：科学教育的本质回归：基于科学价值论的视角［J］．自然辩证法研究，2019（6）：107-112.

［54］贺才乐．生命价值教育：当代大学生的一门必修课［J］．思想教育研究，2006（12）：52-54.

［55］吴晨．大学生诚信价值观的涵育路径探究［J］．思想理论教育导刊，2019（2）：46-49.

［56］陈亚新，张天抒，张昀，王忠海．多维协同构建新时代大学生诚信教育体系［J］．教育教学论坛，2019（45）：65-67.

［57］李煜．新媒体环境下大学生诚信涵育模式探赜［J］．山东青年政治学院学报，2019（6）：75-80．

［58］刘艳华．新形势下我国大学生诚信缺失问题及对策研究［J］．教育理论与实践，2017（3）：41-43．

［59］纪守峰，李印福．构建大学生诚信教育常态化建设途径研究［J］．大学教育，2019（10）：114-116．

［60］刘学文，赵杨洋．当前大学生学业诚信现状调查及教育对策研究［J］．大学教育，2019（9）：199-204．

［61］胡颖杰．供给侧改革背景下大学生诚信教育主体性问题及机制构建［J］．中国成人教育，2017（20）：77-79．

［62］张芙蓉，郭青，田星杰．新媒体环境下大学生诚信教育调查研究［J］．学校党建与思想教育，2018（17）：75-76．

［63］黄一斓．高校诚信生态环境的现状与重构：以大学生诚信教育为核心［J］．黑龙江高教研究，2019（7）：141-144．

［64］崔国富，袁冬梅．高校学生诚信教育管理制度的建构研究［J］．国家教育行政学院学报，2012（1）：25-30．

［65］于丽．社会主义核心价值观视域下高校加强诚信教育的理性思考［J］．思想政治教育研究，2018（2）：22-25．

［66］李苑静，林伯海．习近平关于大学生社会责任意识培育思想探析［J］．思想政治教育研究，2016（5）：79-83．

［67］高萍美．论网络空间大学生责任意识的培育形态［J］．学校党建与思想教育，2016（3）：21-23．

［68］姬广凯，陈文玉．论大学生社会责任意识的培养［J］．黑龙江高教研究，2016（6）：130-132．

［69］李苑静．新中国成立以来我国大学生社会责任意识的变迁和反思［J］．广西社会科学，2016（10）：203-206．

［70］马树锦．当代大学生责任意识培养的若干思考［J］．思想理

论教育导刊，2015（12）：130-132.

[71] 张璐．高校外语专业大学生责任意识教育的路径探讨［J］．学校党建与思想教育，2014（9）：71-72.

[72] 夏雅敏．基于系统思维的大学生社会责任意识培育路径研究［J］．中国青年研究，2013（11）：77-80.

[73] 白君堂．论当代大学生的社会责任意识和道德行为操守教育［J］．学校党建与思想教育，2013（25）：95-96.

[74] 刘微微，盖元臣．论新时期大学生的社会责任意识［J］．学术交流，2012（4）：193-196.

[75] 朱立军，曹雷．浅论和谐社会背景下大学生责任意识的培养［J］．思想教育研究，2012（12）：85-87.

[76] 彭媚娟．论传统文化与大学生责任意识培［J］．理论月刊，2011（2）：180-182.

[77] 胡庭胜．论大学生责任意识教育及其实效性提升［J］．思想教育研究，2009（10）：81-83.

[78] 许海元．当代大学生生命责任意识现状及培养对策：基于大学生生命意识现状的调查［J］．道德与文明，2009（3）：96-99.

[79] 付洪．关于当代大学生责任意识培养的一些思考［J］．道德与文明，2008（6）：84-87.

[80] 凌新华．从社会化角度看当代大学生社会责任意识［J］．湖北社会科学，2006（5）：169-171.

[81] 赵金飞．大学生理想信念缺失问题与思考［J］．思想教育研究，2006（2）：41-43.

[82] 陈锡敏．健全人格与大学生社会责任感［J］．高校理论战线，2005（11）：49-51.

[83] 胡伯项，李江波．社会主义核心价值观引领大学校园文化建设论析［J］．教学与研究，2017（4）：90-95.

[84] 陆挺. 大学校园文化的隐性课程认知及建设路径探析 [J]. 思想教育研究, 2017 (3): 125-127.

[85] 马平均, 胡新保. 社会主义核心价值观融入大学校园文化建设的几点思考 [J]. 思想教育研究, 2017 (1): 56-58.

[86] 蒋广学, 张勇, 徐鹏. 网络信息时代大学校园文化的建设主体和主体建设 [J]. 学校党建与思想教育, 2016 (11): 71-74.

[87] 徐稳, 杨素群. 论新媒体视域下的大学校园文化建设 [J]. 学校党建与思想教育, 2016 (1): 84-87.

[88] 蔡建光, 张铁雄. 文化强国视域下体育文化对大学校园文化建设的作用 [J]. 湖南科技大学学报（社会科学版）, 2015 (6): 165-168.

[89] 贾滕. 大学特色校园文化品牌建设探微 [J]. 学校党建与思想教育, 2015 (5): 84-85.

[90] 王亚杰, 乔建永. 加强校园文化建设 推动大学持续健康发展 [J]. 中国高等教育, 2014 (20): 9-11.

[91] 胡圣知. 大学生社会责任感培育刍议 [J]. 学校党建与思想教育, 2019 (16): 69-70.

[92] 陈敏. 大学生社会责任认同的内涵把握与特点辨析 [J]. 思想教育研究, 2018 (6): 42-45.

[93] 季爱民, 谭晓爽. 关怀伦理视阈下大学生责任意识培育研究 [J]. 学校党建与思想教育, 2019 (7): 36-38.

[94] 周明星. 当代大学生社会责任感培养的五个维度研究 [J]. 思想政治教育研究, 2018 (6): 155-159.

[95] 王越芬, 商琳. 当代大学生社会责任感现状调查与分析: 基于东北地区五所高校大学生的实证调查 [J]. 教育与教学研究, 2018 (4): 46-52.

[96] 陈树文, 林柏成. 新时代做好大学生社会责任感培养工作的四个维度: 以习近平的青年思想政治教育工作理论为指导 [J]. 思想理

论教育导刊，2018（2）：133-136.

［97］王琴，董春辉，应万明. 基于角色理论的大学生社会责任感培养体系探究［J］. 内蒙古师范大学学报（教育科学版），2019（1）：20-25.

［98］刘洋，李建宁. 论中国传统孝文化对大学生社会责任感培养的价值［J］. 教育理论与实践，2018（6）：38-40.

［99］蒲清平，张伟莉，赵楠. 微文化：特征、风险与价值引领［J］. 中国青年研究，2016（1）：64-69.

［100］艾楚君，焦浩源，宋新. 大学生社会责任感的时代内涵及其培育路径：基于60位全国大学生年度人物先进事迹的文本分析［J］. 思想理论教育，2018（8）：102-107.

［101］钟凯. 互联网时代大学生社会责任感元分析及对策研究［J］. 南京邮电大学学报（社会科学版），2018（5）：75-81.

［102］范笑仙，赵金秀. 以主体性教育为取向提高大学生网络道德水平［J］. 中国高教研究，2003（9）：82-83.

［103］郑景献. 大学生网络道德教育研究［J］. 社会主义研究，2002（5）：90-92.

［104］檀江林. 当代大学生网络道德建设的若干思考［J］. 青年研究，2007（1）：39-44.

［105］顾晓虎. 大学生网络道德人格的缺失与重塑［J］. 江苏高教，2007（5）：111-112.

［106］高仲姣，程秀霞. 当代大学生网络道德发展现状及影响因素分析：基于五所高校的问卷分析［J］. 重庆邮电大学学报（社会科学版），2019（4）：74-82.

［107］彭金富. 现代个人主义视域下大学生自我实现的道德困境及对策研究：兼评《道德习养：破土与新生——网络环境下大学生道德发展研究》［J］. 江西社会科学，2017（12）：266-267.

［108］邓英．浅谈大学生网络道德教育［J］．高等教育研究，2008（2）：89-90．

［109］卢佩言，李如齐，时昕．攻击性和示范性规范对大学生网络道德失范行为的影响［J］．黑龙江高教研究，2019（1）：101-104．

［110］邱杰．大学生网络道德问题、成因及对策［J］．思想政治教育研究，2009（1）：47-49．

［111］张羽程．"互联网+"时代大学生网络道德素养现状与教育策略［J］．教育理论与实践，2019（9）：24-26．